유아부터 시작하는
기초 탄탄
엄마표 입시

유아부터 시작하는
기초 탄탄 엄마표 입시

샤론코치 이미애 · 김희덕 · 윤기은 지음

우리 아이의 탄탄한 미래를 위해
'일타 강사'는 못 되어도
'일타 코치'는 될 수 있다!

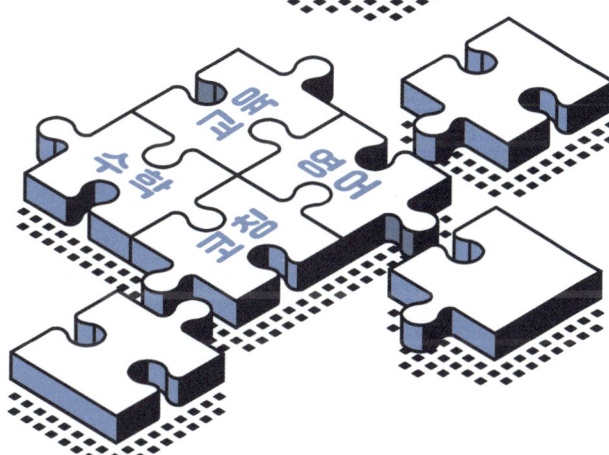

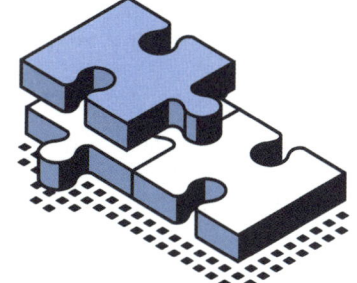

물주는하이

×o 들어가는 글

샤론코치연구소 명품 온라인강의가 기초 탄탄 엄마표 입시로 탄생하다

코로나19 팬데믹은 교육 현장에 큰 변화를 가져왔습니다. 전염병으로 인해 학교에 가지 못하는 상황이 되자 온라인교육은 어쩔 수 없는 대안이 되어, 가정은 학교가 되었고 컴퓨터는 교사가 되었고 학부모는 책임자가 되었습니다. 아무런 예고도 없이 발생한 일이라 교육 현장에 있는 대부분의 사람들이 허둥대었으며 갈 길을 잃은 학생을 바라보는 학부모의 마음은 까맣게 타들어 갔습니다.

공부는 학교에서 그리고 학원에서 하는 거라고 믿었던 학부모들은 자녀의 24시간을 바로 옆에서 지켜보며 많은 생각을 했을 것입니다.

'이 아이가 학교에서도 이렇게 공부했나?' '똑바로 30분도 앉아 있지 못하니 공부는 엉터리로 했겠구나.' '아니, 이 학교는 온종일 EBS만 틀어 주네.' '선생님들은 수업 준비를 안 하시나?' '다른 학교에서는 쌍방향 줌수업을 한다고 하던데……'

코로나19는 학부모가 적극적으로 교육에 관심을 가져야 한다는 명제를 던져 주었습니다.

지혜롭고 발 빠른 엄마들은 공부를 하기 시작했습니다. 대한민국 교육과정을 숙지했고, 과목별 학습법을 익혀서 자녀에게 가르쳐 주었으며, 상급 학교 입학 요강을 분석해서 입시를 대비했습니다. 학교에 못 가더라도 시간이 지나면 학년은 올라갈 테고 입시는 치러야 한다는 사실을 알았기 때문입니다. 혼란과 열정의 한

복판에 샤론코치연구소 온라인강의가 굳건하게 자리를 지키고 있었습니다.

　샤론코치연구소 온라인강의는 코로나19 이전에 시작되었습니다. '화목한 가정에서 인재 난다'라는 모토 아래 '엄마표 학습을 돕는 전문가 꿀팁' 프로젝트를 진행하며, 대치동을 비롯한 교육특구의 명강사들이 학부모가 바로 적용할 수 있는 시크릿 정보를 알려 준 것입니다. 이 수업은 학부모의 불안감을 없애 주고 지나친 사교육을 줄여 주는 효과를 나타내었고, 코로나19 이후에는 전국의 학부모님들은 물론이고 해외에서도 많은 학부모님들이 수강하는 등 좋은 반응이 이어졌습니다.

　그중에서도 샤론코치의 상위1% 행복사전, 김희덕 원장의 라이크영어, 윤기은 원장의 실크수학은 폭발적인 인기를 얻었으며 '영어는 라이크처럼, 수학은 실크처럼, 입시는 샤론코치와 함께'라는 유행어를 만들어 내었습니다. 대치동, 대구 수성구 등 교육특구에서만 알 수 있는 고급 정보와 친절한 교수법은 팬덤을 형성하여 샤론코치 행복사전 시리즈는 10개 강의, 라이크영어 시리즈는 8개 강의, 실크수학 시리즈도 8개 강의를 선보이게 되었습니다.

　《기초 탄탄 엄마표 입시》는 명품 강의로 인정받은 샤론코치 행복사전, 라이크영어, 실크수학 중 가장 핵심적인 내용만을 선별해 구성했습니다. 영어와 수학은 물론이고 교육과 입시의 혜안을 얻을 수 있을 것입니다. 입시는 단거리 경주가 아니라 마라톤입니다. 부디 웃음이 가득한 가정에서 행복한 에듀맘 시절을 즐기시기 바랍니다. 이 책은 유아, 초등 학부모님들께 드리는 세 사람의 귀한 선물입니다.

샤론코치 이미애

코로나19와 chatGPT를 거쳐 본격적인 AI의 시대를 만난 우리 아이들은 부모 세대와는 비교할 수 없을 정도로 다르고, 더 많은 변화와 새로운 기준의 세상을 살게 될 것입니다.

아이들이 알아야 할 것은 유사하지만, 그것을 이해하고 깨달아야 하는 시기가 눈에 띄게 빨라졌기에 부모는 당황과 걱정을 하면서도 의연한 자세로 자녀를 챙겨야 합니다.

샤론코치님과 함께 부모를 위한 자녀교육서를 준비하면서 가장 먼저 유초등 영어교육을 선택한 이유는, 부모들에게 달라진 교육 현실과 새로운 교육 정보, 바람직한 교육법을 전하는 것이 '화목한 가정에서 인재 난다'는 우리들의 비전을 실행하는 가장 좋은 방법이라고 생각했기 때문입니다.

심리학자 에릭 에릭슨(Erik Homburger Erikson)은 '아이가 영유아기를 벗어나기 전 꼭 배워야 할 것은 부모를 향한 신뢰와 세상을 향한 희망이다'라고 말했습니다.

《기초 탄탄 엄마표 입시》를 통해 소개하는 교육법은 샤론코치연구소 온라인 강의를 통해 수많은 교육기관과 학부모에게 만족감을 드린 내용입니다. 꾸준히 변해 가는 교육 현장에서 틀림없이 효과 있는 것들만 선별한 이 책의 내용이 부모님의 마음에 자리한 불안감과 조급함을 없애는 데 도움을 드릴 것입니다. 자녀와 신뢰의 눈빛을 주고받으며, 아이가 세상을 향한 희망을 키워 갈 수 있도록 해 드릴 것입니다.

김희덕

강남, 송파, 서초 등 교육특구에서 15년 이상 근무하면서 늘 접하던 일이라 상위권 학생들의 교육법이 크게 특별하다고 생각하지 않으며 지냈습니다. 그런데 코로나19를 겪으며 교육에 대한 좋은 정보가 온라인을 통해 전국으로 퍼져 나가는 과정에서 과장된 내용과 왜곡으로 엄마들을 괴롭히는 일들이 많아지고 있음을 느꼈습니다.

교육에 대한 잘못된 정보로 인해 고통받고 있는 학부모님에게 좀 더 정확하고 현실적인 내용을 전달해 드리고 싶어서 글을 쓰게 되었습니다. 교육은 도달하고자 하는 목표가 같더라도 그 방법과 시간이 아이마다 다른데, 남들과 비교하며 같지 않으면 마치 실패인 것처럼 여기는 분위기가 안타까웠습니다. 특히 아이가 아직 학교에 입학하지 않은 유아맘의 경우, 경험해 보지 못한 영역에 대한 불안감이 클 수밖에 없고, 엄마의 선택이 잘못되었을까 봐 혹은 어린 자녀의 잠재력을 끌어낼 수 있는 기회를 놓쳤을까 봐 매 순간 고민하게 됩니다. 그런 모습들을 보며 유혹에 흔들리지 않는 엄마표 수학의 '중심'을 잡아 드리고 싶었습니다.

사고력 수학을 하지 않으면 나중에 심화 문제를 풀지 못한다, 사고력 수학도 결국에는 다 소용없다더라 하는 말에 현혹되지 않고 현명하게 결정할 수 있게 해 드리고 싶었습니다. 연산 때문에 아이와 기 싸움 하는 엄마들에게 꾸준히 학습할 수 있는 방법과 그 이유에 대해 알려 드리고 싶었습니다. 도형을 어려워하는 아이를 보며 '혹시 나를 닮아 도형을 힘들어하는 건가?' 마음을 졸이는 엄마들에게 오해였다고 말씀드리고 싶었습니다. 이 책을 통해 '사고력 수학', '연산', '도형' 학습의 틀을 탄탄하게 잡고 엄마표 입시를 향해 자신 있게 나아가시길 바랍니다.

윤기은

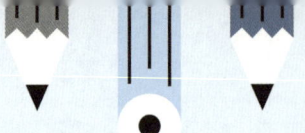

들어가는 글
- 샤론코치 이미애 _ 04
- 김희덕 _ 06
- 윤기은 _ 07

1부 샤론코치의 탄탄 교육 전략

 **사교육비 줄여 주는 엄마 공부**

- 사교육, 어떻게 생각하세요?　　　　　　　　　　　15
- 엄마를 불안하게 하는 멘트들　　　　　　　　　　21
- 유초등맘이 대입을 알아야 하는 이유　　　　　　　28

 **큰 그림을 그리려면 교육과정부터**

- 인재상이 변하면 모든 것이 변한다　　　　　　　　39
- 유아맘 보세요 '2019 개정 누리과정'　　　　　　　46
- 초등맘 보세요 '2022 개정 교육과정'　　　　　　　52

명문대를 향한 첫발 내딛기

- New 학생부종합 전형 톺아보기 … 61
- 비교과의 이해와 대비 … 72

우리 아이 우등생 만드는 학습법

- 우등생 5:3:2 법칙 … 81
- 유아 학습법 : 10가지 법칙 … 88
- 초등저 학습법 : 10가지 법칙 … 97

2부   김희덕 선생님의 탄탄 영어 전략

 **유아 영어 로드맵**

- 우리 집은 영어 유치원   111
- 알파벳 지도는 이렇게   123
- 차근차근 완성하는 파닉스 6단계   131
- 어휘력을 점프하는 다양한 방법   140

 **초등 영어 로드맵**

- 어학원 vs 영유방과후 vs 영어도서관 어디가 좋을까?   151
- 레벨 테스트를 준비한다면?   160
- 초등 1학년에 ABC를 시작한다면?   166
- 영문법, 어떻게 시작할까요?   172

영역별 마스터하기

- 영어 4대 영역을 균형 있게   181
- 듣기, 말하기 학습법   188
- 읽기 학습법   199
- 쓰기 학습법   208

3부 윤기은 선생님의 탄탄 수학 전략

 ## 제대로 알고 시작하는 사고력 수학

- 사고력 수학에 대해 얼마나 아시나요?　　　　　　　219
- 올바른 교구 활동의 모든 것　　　　　　　　　　　226
- 상위권으로 가기 위해 꼭 필요한 역량　　　　　　　236

 ## 수학의 기초를 탄탄하게 잡아 주는 연산 방법

- 제대로 알고 시작하자, 엄마표 연산　　　　　　　　245
- 연산의 유형별 공략 방법 (수 연산/사고력 연산/도형 연산)　255
- 연산 잘하는 팁　　　　　　　　　　　　　　　　265

 ## 도형을 두려워하지 않는 공부법

- 도형에 대한 오해와 진실　　　　　　　　　　　　279
- 도형을 잘하기 위한 핵심 포인트　　　　　　　　　287
- 초등부터 고등까지 이어지는 도형 비교　　　　　　295

1부

샤론코치의 탄탄 교육 전략

교육 코칭

EDUCATION

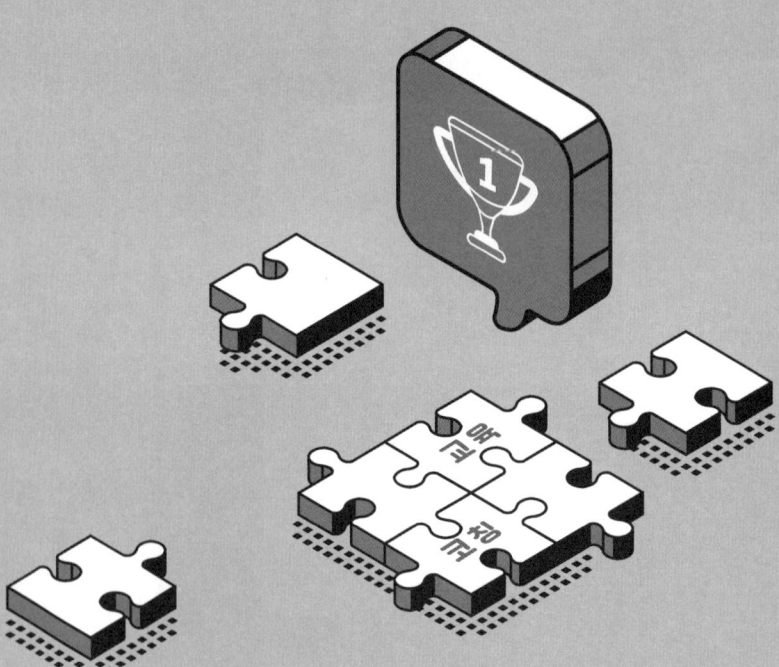

사교육비 줄여주는 엄마공부

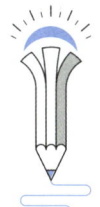

사교육, 어떻게 생각하세요?

2022년 봄 〈그린마더스 클럽〉이라는 드라마가 방영됐다. 그린마더스는 녹색어머니회를 말하는 것으로 드라마 〈SKY 캐슬〉의 초등판이라고 엄마들 사이에서 관심이 많았다. 필자도 유튜브 '샤론코치TV'에 드라마에서 나온 교육 용어를 재해석해 리뷰 영상들을 업로드했다.

드라마에서 배우 이요원은 시어머니 덕분에 학부모의 교육열이 치열한 '상위동'에 이사 간 '동석맘'으로 나온다. 그 동네 엄마들과 처음으로 카페에서 만나던 날 엄마들의 리더 역할인 유빈맘(추자현)이 동석맘(이요원)에게 묻는다.

"애들 공부는 어떤 식으로 시키고 계세요? 학원은 알아보셨어요?"

그러자 동석맘이 이렇게 대답한다.

"아뇨, 전 그런 쪽 엄마는 아니라서요."

그런 쪽 엄마…… 순간 엄마들의 분위기가 싸늘해진다. 대학교수라고 알려진 동석맘이 본인의 자녀는 학원에 안 보낸다고 다소 눈치 없게(?) 말하는 모습에서 '엄마들 사이의 불편한 감정이 곧 표출되겠구나' 짐작할 수 있었다.

가끔 TV 프로그램에 나가는데 방송국 대기실에서 연예인 출연진들과 인사를 나눌 때가 있다. 나를 아는 분은 "선생님 연락처 좀 주세요. 의논드릴 일이 있어요" 하며 반긴다. 반면 나를 모르는 사람은 얼굴을 힐끔 보면서 내 명찰을 본다. 명찰에는 '대치동 부모 교육 전문가' 혹은 '교육 컨설턴트'라고 쓰여 있다.

"아유, 난 대치동 싫어. 그 동네 엄마들 교육열이 극성이라고 하던데."
"난 사교육 안 해. 아이들이 좋아하는 거만 시킬 거야."
대뜸 이렇게 말하는 사람에게 인사 겸 말을 걸어 본다.
"아이들 어떤 거 시키세요?"
"우리 애는 축구해요. 국대 출신 감독한테 배워요."
"우리 애는 학원 하나도 안 다니고 책만 봐요."
"우리 애는 국제학교 다녀서 학원 안 다녀요."
"우리 애는 지금 미국에 있어요."

그들은 당당하게 말한다. "나는 사교육을 시키지 않아요."

정말 그럴까. 사교육은 말 그대로 사(私), 즉 개인이 사사로이 행하는 교육이다. 공적인 목적을 위해 국가 또는 지방자치단체가 설립한 학교 등의 교육기관에서 행해지는 교육 외에 부모가 아이의 지식과 기술, 인격 등을 기르기 위해 하는 행위가 모두 사교육에 해당된다. 즉 학교에 내는 학비 외에 자녀의 교육을 위해 지출하는 모든 돈은 사교육비에 해당되는 것이다.

국가대표 출신에게서 배우는 초등학생의 레슨비는 얼마일까? 엄마표 책 육아로 지출되는 비용은 1년에 얼마나 될까? 동네 학교에 다니면 내지 않아도 되는 등록금을 큰 금액의 달러로 내야 하는 국제학교 교육비는 사교육비가 아닌가? 아이가 미국, 캐나다에 있다면 유학을 보낸 것인데 몇십만 원 학원비와 비교할 수 있을까?

많은 분들은 입시를 위해 학원에 내는 학원비만 사교육비라고 생각한다. 그건 아마 우리 사회에서 '대입'이 가지는 무게가 너무 크기 때문일 것이다. 인구가 줄어 입학 정원에 미달하는 대학이 속출하고 있다고는 하지만 상위권 대학 진학을 위한 경쟁률은 여전히 다른 얘기다. 그 좁은 관문을 통과하기 위한 경쟁은 사교육 시장을 나날이 치열하게 만들고 지금은 유아·초등 때부터 대입을 준비하기에 이르렀다. 이렇게 대입을 위한 사교육에 지나치게 관심과 시선이 쏠리다 보니 마치 대입을 위한 것들만 사교육인 양 의미가 왜곡되어 버린 것이다.

엄마들에게 사교육비는 부담이 큰 게 사실이다. 집집마다 다르지만 한 달 기준으로 적게는 수십만 원에서 많게는 수백만 원에 이르기 때문이다. 〈그린마더스 클럽〉 수인맘(주민경)은 아이들 학원비를 벌기 위하여 동네 슈퍼에서도 일하고 온라인 카페에서 댓글 알바를 하기도 한다. 남편의 월급으로는 교육비가 감당이 안 되기 때문이다. 이처럼 사교육비는 교육을 시키려는 엄마들에겐 부담 또 부담이다.

과거제도가 처음 도입되었던 고려 시대에는 '경당'이라는 사교육기관들이 성행하였는데 그중 유명한 곳이 '사학12도'였다. 요즘으로 치면 명문 학원이다. 고려 충렬왕 때의 선비 강경룡은 자신의 집에서 글을 배운 제자 10명이 성균시에 모두 합격한 일로 명성을 날리기도 했다. 고려 제일의 족집게, 일타 강사인 셈이다.

조선 시대 〈중종실록〉에는 김극핍이 당시의 공교육기관이던 성균관과 관련해서 상소를 올렸다는 내용이 있다. 성균관에서 가르치는 것으로 충분치 않아 학생들이 유명 선생들을 찾아 배움을 청하는 내용이라고 하니 그 당시에도 사교육은 논쟁의 대상이었나 보다.

가산이 넉넉한 집안에서는 거금을 들여 오늘날의 과외 선생에 해당하는 독선생을 집안에 들이기도 했고 개인 학원이라고 할 수 있는 서당에 다니는 아이들도 강미(講米), 공량(貢糧), 학세(學稅), 학채(學債) 등으로 불린 수업료를 지불했다고 한다. 보통 1년 수업료로 신입생은 벼 반 섬, 기존 학생들은 벼 한 섬을 냈다고 하니 결코 만만한 금액은 아니었다. 예나 지금이나 사교육에는 항상 '돈'이 문제다.

〈그린마더스 클럽〉에는 동네 사교육을 주도하는 유빈맘과 대척점에 있는 인물로 줄핀맘(장혜진)이 나온다. 줄핀맘은 상대적으로 아이 교육에 소홀했던 동석맘을 '특별한 동지'라고 부르며 그 동지의 의미를 이렇게 설명한다. "저 무식하고 저열한 자본주의자들에게 올바른 삶의 방향성을 제시할 참된 지식인."

물론 극적인 상황을 위해 넣었겠지만 사교육을 중시하는 엄마들을 향한 표현이 참 과격하다. 줄핀맘은 아이의 공부보다 엄마 본인의 사회운동이 더 중요한 사람이다. 왜 다른 엄마들이 아이 공부를 위해 그토록 열심히 노력하는지 그저 한심하게 생각할 뿐이다. 이 또한 줄핀맘의 선택이다.

사교육은 선택이다. 부모의 생각에 따라 시킬 수도 있고 안 시킬 수도 있다. 그것도 자녀가 원하고 응해야 가능한 것이다. 다들 집집마다 사정이 있으니 타인의 선택을 존중해야 한다. 남이 시킨다고 비난할 필요도 없고 나만 안 시킨다고 불안해할 필요도 없다. 내 아이가 학교 공부 잘 따라가고 입시를 치를 실력을 갖춘다면 불필요하게 학원에 다닐 필요가 없다. 그런데 그토록 원하는 대입 그것도 명문대 합격은 '교과서만 공부해도' 되는 일은 아닌 것 같고, 입시는 복잡하고 어렵고, 이 틈을 마케팅으로 이용하는 곳이 많으니 자꾸만 사교육에 의존하고 싶어지는 것이 사실이다. 이렇듯 사교육에 관한 고민은 대다수 학부모들의 숙제가 되었다.

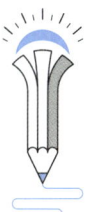

엄마를 불안하게 하는 멘트들

〈그린마더스 클럽〉에서 자신은 '그런 쪽 엄마'가 아니라던 동석맘은 학부모 참관수업에서 같은 반 아이들보다 수업 태도가 산만하고 학습 능력이 떨어지는 듯한 아들의 모습을 목격하게 된다. 선생님의 질문에 엉뚱한 답변을 하는 아들을 보고 당황한 동석맘은 결국 동네 수학 학원을 찾아가는데, 선행학습을 전혀 하지 않았던 동석은 입학 테스트를 통과하지 못한다.

"죄송하지만 이 동네는 2년 선행 정도는 기본으로 가져가기 때문에 이렇게 안 하면 레벨을 나눌 수가 없습니다."

동석맘은 영어 학원이나 다른 학원에서도 비슷한 말을 들으며 조용히 입학을 거부당한다. 상위동 유명 학원에서는 초등학교 1학년이 선행 학습 없이 입학 테스트를 통과하는 일은 현실적으로 어려웠던 것이다.

대한민국 최고의 대학에서 강의를 했던 동석맘은 나름 공부에 대해선 자부심이 있었고 자녀 교육에 관해서도 별걱정이 없었다. 하지만 막상 또래에 비해 뒤처진 아들의 모습을 보자 한없이 미안하고 속상해한다. 이렇듯 엄마는 자녀가 공부를 못하면 마치 내 탓인 것처럼 자책하게 된다. 바로 이 점을 각종 사교육업체는 마케팅에 활용하고 있다.

다음은 유아가 많이 다니는 놀이 학교에서 듣게 되는 말이다.

"아이가 아직 교구 수업을 받아 본 적이 없나요? 수학이 중요하다는 건 말씀 안 드려도 잘 아실 텐데요. 교구를 통해서 도형에 대한 감각을 미리 길러야 합니다."

"저희 원에서는 과학, 요가, 쿠킹, 보드게임 등 다양한 활동을 합니다. 한글, 영어, 수학은 기본으로 하고요."

"어머머 어머님, 아이들은 어떤 수업을 받느냐에 따라 머리도 좋아지고 학교 공부도 잘하게 됩니다. 가만히 계시면 어떡하나요? 서두르셔야 합니다."

학습지 하나를 알아보려고 해도 수많은 이야기를 듣는다.

"요즘 초등학교는 빈칸을 채우라는 문제들이 많아요. 그런 문제들을 아이가 어떻게 혼자 할 수 있겠어요?"

"4차 산업 혁명 시대에는 이런 능력이 필요합니다. 저희 학습지를 선택하시면 맞춤식으로 학습 피드백을 드립니다."

"인공지능(AI)이 자녀의 학습을 도와줄 것입니다. 믿고 맡기시면 명문대 입학은 어렵지 않습니다."

학군지 영어 학원에서는 더 무서운 말을 들어야 한다.

"명문대에 합격하려면 영어로 에세이를 쓰고 발표할 수 있어야 합니다. 당연히 미리 준비해야지요."

"저희 학원에는 외국에서 살다 온 아이들이 많습니다. 죄송하지만 아이의 지금 실력으로는 수업에 합류하기 어려울 것 같습니다."

"아이가 영어를 듣는 귀가 안 뚫렸네요. 그동안 학습지만 시키셨나 봐요. 아이를 어떻게 이렇게 방치하셨어요?"

"AR이 몇 점이라고요? 혹시 토플 점수는 있나요?"

엄마의 기를 죽이는 영어 학원들은 학군지 동네의 흔한 풍경이다.

이런 말을 들은 엄마의 마음은 어떨까? 십중팔구는 마음이 덜컥할 것이다. 내가 너무 안일했나 싶어 아이에게 미안해지기도 하고, 너무 늦은 게 아닐까 초조해지기도 하고, 얼른 뭐라도 시켜야 할 것 같아 마음이 급해질 것이다.

사실 학원에 가서 좋은 말만 듣는 건 거의 불가능하다. 아이에게 부족한 부분이 있어야 학원에서 이를 메꿀 수 있으니까. 그래서 실제보다 과장하여 이야기하는 경우가 많다. 이른바 '공포 마케팅'이다. 사교육 시장은 이런 공포 마케팅이 제일 잘 통하는 분야 중 하나다. '그렇게까지는 아닌 것 같은데……' 싶더라도 이내 엄마들은 등록을 결심하게 된다. 왜? 소중한 아이의 미래가 걸린 문제니까. 아이를 위한 일에는 작은 후회도 남기고 싶지 않은 게 엄마 마음이기 때문이다.

불안한 마음이 과한 엄마들은 '학원 뺑뺑이'로 아이를 몰아세우기도 한다. 학교 끝나고 바로 영어 학원에 보냈다가 곧바로 수학 학원으로 이동시키고, 밥 먹을 시간이 부족해서 차 안에서 김밥을 먹이고, 그조차도 여유가 없어 간식을 싸 보내기도 한다. 아이들은 늦은 밤이 되어서야 집으로 돌아올 수 있다.

이건 정말이지 비효율적인 방법이다. 사람은 컴퓨터가 아니다. 컴퓨터는 많은 자료를 입력해도 버튼을 누르면 바로 저장이 되지만 사람은 그렇지가 않다. 인풋을 했으면 그것을 저장하고 소화할 시간이 필요하다. 그래야 차후에 아웃풋이 제대로 나오는 것이다. 그런데 아이에게 계속 인풋만 하고 그것을 저장할 시간을 주지 않으면 나중에 출력될 결과가 없다. 자기 것으로 소화되지 못하고 흩어져 버렸기 때문이다. 이런 일이 반복되면 기억의 용량 자체가 줄어들게 된다.

그보다 더 심각한 문제는 아이의 피로가 누적된다는 것이다. 몸이 피곤하면 만사가 귀찮고 꼼짝하기 싫어지는데 그건 아이들도 마찬가지다. 만성 피로에 시달리는데 공부가 제대로 될 리가 없다. 게다가 어릴 때부터 이렇게 공부에 지치는 경험을 해 버리면 공부 자체에 흥미를 잃기 쉽다. 그러니 절대 무리하게 학원 일정을 잡지 말아야 한다.

초등학교 3학년까지는 하루에 주요 과목 1개, 예체능 1개가 적당하다. 즉 영어 학원 갔다가 피아노 학원에 가는 식이다. 물론 하루에 학원 1개가 더 좋지만 배우는 과목이 많아 현실적으로 어렵다. 만일 영어 학원 갔다가 수학 학원에 가면 두 과목 다 집중력을 요하고 숙제가 많기 때문에 수업 참여도가 낮아지고 복습도 부실해질 수 있다. 학원 시간표상 어쩔 수 없다고 하시는 분도 계시는데, 꼭 특정 학원만 고집할 필요는 없다는 점을 강조해서 말씀드리고 싶다.

그래도 여러 개의 학원이 포기가 안 되겠거든 한번 가슴에 손을 얹고 생각해 보자. 그렇게 많은 학원을 보내는 것이 정말 아이를 위한 것인지, 혹시 아이를 열심히 교육시키고 있다는 엄마의 자기만족을 위한 것은 아닌지.

필요 이상으로 과하게 섭취한 수용성 비타민은 결국 소변과 함께 몸 밖으로 배출돼 버린다. 시중에 판매되는 건강 보조제의 약 25%는 간을 상하게 할 수 있다고 한다. 아무리 좋은 영양제도 제대로 알고 섭취하지 않으면 이렇게 의미 없이 낭비되거나 오히려 몸을 망칠 수 있다. 과한 사교육도 마찬가지다. 돈만 낭비하고 효과가 없거나 돈은 돈대로 쓰고 아이를 힘들게 만든다.

학원은 학교 공부를 보충하기 위한 것임을 기억하자. 자녀가 수업 시간에 배우는 것을 어려워하거나 반대로 너무 시시해한다면 학원 수업이 필요하다. 교과서는 학생 개개인의 능력에 관계없이 같은 내용을 가르친다. 따라서 수업이 아이에게 안 맞을 수도 있다. 만일 학교 수업을 따라가는 게 힘들다면 반드시 보충을 해 주어야 한다. 초등학교, 중학교, 고등학교 교과서는 서로 연결되어 있다. 초등학교부터 성실히 학습해야 중학교에 가서도 성적이 잘 나오고 수능도 잘 보게 되는 것임을 기억해야 한다.

모든 학생들은 학원에 다녀야 하나? 답은 '필요하면 하는 거'다. 그러면 그 시기는 언제일까? 유아부터 초등 저학년까지 엄마와 함께 공부를 쭉 해 온 학생이라면 학원에 갈 타임은 거의 정해져 있다. 엄마와 아이 모두 지쳐서 새로운 자극이 필요할 때, 아이가 친구들과 어울려 공부하기를 원할 때, 엄마의 실력이 거의 바닥을 드러낼 때, 실력 좋은 선생님께 배우고 싶을 때, 사춘기로 부모 자식 관계가 삐걱거릴 때, 집에서 탈

출해서 새로운 세상인 학원으로 갈 이유는 더 많을 수 있다.

이제 때가 되었다. 사교육의 현장으로 가 보자. 그럼 어떻게? 이 점은 아주 신중해야 한다. 학교 주변에는 학원이 많다. 엄마들의 모임에서도 학원 리스트는 공유되고 각 학원별로 평가도 전수된다. 그럼 엄마가 독단적으로 학원을 정해야 하나? 답은 '절대 아니다'. 학원은 엄마가 다니는 게 아니다. 우리 아이들이 다니는 것이다. 즉 사교육의 소비자는 학생이고 사교육의 구매자는 엄마인 것이다.

이 점에서 아이들의 의견은 중요하다. 수학 학원을 다니려고 하면 최소 2~3개 학원에 아이와 함께 가 보자. 학원 시설도 보고 상담을 받으며 커리큘럼도 확인하고 선생님들의 인품도 확인하자. 우리 아이가 몇 시간이나 머물면서 공부하게 될 공간이다. 아이가 흥미를 느끼고 집중해야 학습 효과가 나는 것임을 꼭 기억해야 한다. 그리고 신중하게 학원을 결정했으면 최소한 한 학기 이상은 다니자. 한두 달 다니고 마음에 안 맞는다고 학원을 쉽게 옮기는 것은 손해다. 공부는 하루치 넣었다고 하루치 결과가 나오지 않는다. 학원 선생님을 믿고 제대로 따라간다면 실력은 오를 것이다. 학원은 경쟁의 생태계이기 때문에 게으르고 거저먹으려는 학원은 도태되고 살아남지 못한다. 이래서 사교육이 무서운 것이다.

유초등맘이 대입을 알아야 하는 이유

 필자는 유아맘이나 초등맘에게 계속해서 대입을 알려 준다. 명문대 입학 요강도 분석하고 장기적 로드맵을 제시하면서 어떤 준비를 해야 하는지 친절하게 설명하려고 애쓴다. 그런데 일부 학부모님은 살짝 거부감을 드러내기도 한다.

 "코치님, 우리 아이는 아직 유아인데 벌써 대입을 알아야 하나요? 너무 어리지 않을까요?"
 "코치님, 어차피 입시는 또 변할 텐데 미리 알 필요가 있을까요?"
 "전 아이에게 본인이 좋아하고 행복한 일을 하라고 할 거예요. 반드시 대학에 갈 필요는 없다고 생각합니다."

이렇듯 유초등맘에게 대입은 너무 먼 얘기고, 입시를 준비하는 것 자체를 불편해하는 시각도 있고, 입시 공부를 하고 있더라도 별나다는 소리를 듣지 않으려고 드러내지 않는다.

아주 유명한 분들이 유튜브나 방송에 나와서 요즘 같은 다양성의 시대에 학력은 중요하지 않다고 말하는 것을 들은 적이 있다. 스티브 잡스, 빌 게이츠, 마크 저커버그도 다 대학을 중퇴했다고, 그러니 대학 졸업장은 필요 없다고 말이다. 애플을 만든 스티브 잡스는 명문 사립대학교인 리드칼리지를 중퇴했고, 마이크로소프트의 빌 게이츠와 페이스북 창업주인 마크 저커버그는 하버드대학교를 중퇴했다.

이 부분에서 난 강조하며 말한다. 중퇴해도 좋으니 입학은 해 보자고 말이다. 그들은 세계 최고의 대학에 들어갈 실력을 갖춘 사람들이다. 다만 본인의 사업을 위해 대학 졸업까지 기다릴 필요가 없었던 것뿐이다. 그들에겐 대학에서 배우는 학문보다 당장 구상하고 실현할 신지식, 신기술이 절실했기 때문이다. 빌 게이츠는 레이크사이드고등학교에 다닐 때부터 컴퓨터에 두각을 나타냈으며 하버드대학교에 입학해서는 컴퓨터과학과의 전신인 응용수학(Applied Math)을 전공하고 친구들과 프로그램을 개발했다. 학문과 기술을 겸비한 빌 게이츠는 마이크로소프트 창업을 위해 하버드를 중퇴하게 된다.

그러나 빌 게이츠처럼 대학을 포기하는 건 쉬운 일이 아니다. 한국 사회에서 대학 졸업장의 힘은 아직도 강력하기 때문이다. 특히 명문대 졸업장은 훈장과도 같다. 학력과 학벌은 단순한 간판이 아니라 그 사람의 지식수준이나 지적 능력, 수행 능력, 인맥 등에 대한 증명이기 때문이다.

누군가에 대한 투자를 결정해야 하는 상황을 생각해 보자. 유능한 투자자일수록 사람 하나만 보고 투자하지는 않는다. 그 사람이 어떤 '풀(Pool)'에 들어 있는가를 살핀다. 그 사람이 활용할 수 있는 가용 자원을 고려하는 것이다. 그래서 다른 조건이 비슷하다면 우수한 인재들과 연이 닿아 있을 가능성이 큰 명문대 출신을 선택하는 것이 일반적이다. 그쪽이 훨씬 안정적이니까.

이제는 세상이 바뀌어서 대학 졸업장이 필요 없다고, 사교육을 시키고 비싼 등록금을 내는 것보다 트랙터 한 대를 사 주는 게 아이에게 더 필요하다고 말하는 사람도 있지만 많은 사람들이 '그래, 저렇게 생각할 수도 있지. 그래도 내 아이는 명문 학교 보내야지. 대접받고 살게 해 줘야지' 하고 생각하는 이유다.

이 점을 사교육업체가 놓칠 리 없다. 최근 들어 대입 전문 업체들은 유아·초등 시장으로 눈을 돌리고 있다. 메가스터디교육에서 런칭한 초등 인터넷강의(인강) 브랜드 '엘리하이', 이투스교육의 자회사인 단비교육에서 만든 '윙크' 등이 대표적인 예다.

여기에는 이유가 있다. 우선 인구 감소로 인해 대입을 준비하는 학생들의 수가 크게 줄어들었다. 한국교육과정평가원에 따르면 2023학년도 수능 응시생은 44만 7,669명이다. 2000학년도 수능 응시생이 86만 8,366명이었던 걸 생각하면 거의 절반 가까이 줄어든 숫자다. 게다가 코로나19 때문에 해외 진출도 어려워졌다. 이로 인해 고민에 빠졌던 대입 전문 업체들이 유초등 시장으로 눈을 돌린 것이다.

유초등 시장은 여러모로 대입 업체들에게 매력적이다. 당장 성적으로 성과를 내야 하는 중고등 시장에 비해 상대적으로 압박이 덜하다. 몸값이 비싼 스타 강사에 대한 의존도도 낮은 편이다. 유초등은 학습 효과가 비교적 빠르게 나타나는 편이라 학부모의 교육 열의와 투자 의지가 가장 높은 때이기도 하다. 무엇보다 대입까지 쭉 함께할 수 있는 '장기 이용 고객들'이 기다리고 있는 곳 아닌가.

이름 있는 대형 대입 업체들이 그동안 쌓은 노하우를 바탕으로 장기 플랜이나 로드맵을 제시하며 초등 인강 시장을 공략할 때 일선의 학원들이라고 가만히 있을 리가 없다. 초등학생이 다니는 학원에 'SKY반',

'의대반'이 있는 풍경이 낯설지 않게 된 지도 꽤 됐다.

이런 상황이니 유초등맘의 마음이 복잡할 수밖에. 언제부터 사교육을 시작해야 하나, 무엇부터 해야 하나, 벌써부터 대입을 준비하는 게 맞는 건가……. 결론부터 말하자면, 유초등 시기부터 대입을 준비해야 하는 게 맞다. 단, 아이가 아니라 엄마가 하는 것이다.

입시는 긴 호흡으로 레이스를 펼쳐야 하는 마라톤이다. 마라톤을 단거리 경주처럼 처음부터 전력을 다해 달리는 선수는 없다. 그랬다가는 좋은 성적을 거두기는커녕 완주도 어려울 수 있으니까. 마라톤에서 중요한 것은 체력 안배다. 초반에는 체력을 아껴야 한다. 그래야 경기의 결과를 결정지을 마지막 고비에서 제대로 스퍼트를 올릴 수 있기 때문이다. 그러니 유초등 시기의 아이들은 벌써부터 힘을 빼서는 안 된다. 대신 앞으로 남은 시간을 잘 이겨 나갈 수 있는 정신적인 체력을 기르는 것이 중요하다.

이때는 아이 대신 엄마가 앞에서 달리며 전체적인 경기 흐름을 조절하는 페이스메이커 역할을 해 주어야 한다. 그래서 엄마가 대입에 대해 제대로 아는 게 중요하다. 자신도 잘 모르는 길을 달리면서 아이를 인도할 수는 없으니까.

엄마들이 자꾸 팔랑귀가 되고 갈피를 못 잡는 건 마음이 불안하기 때문이다. 내가 잘 모르면 불안하게 된다. 예능 프로그램에서 눈을 가린 채 상자 속에 손을 집어넣고 만져 보아 무엇이 들어 있는지 맞히는 게임을 본 적이 있을 것이다. 대부분의 사람들은 무엇이 들어 있는지 모르는 데서 오는 불안감에 쉽사리 손을 넣지 못한다. 그런 게임의 웃음 포인트는 속에 든 것이 고무장갑처럼 평범한 것이었다는 것을 알고 나서 보이는 멋쩍고 허탈한 반응이다.

이처럼 별것 아닌 것도 단지 '모른다'는 이유로 사람을 두렵고 불안하게 만들 수 있다. 반대로 생각하면 '알면' 그 두려움과 불안을 이길 수 있다는 뜻이 되기도 한다. 대입도 마찬가지다. 알면 불안하지 않다. 해야 할 일과 하지 않아도 될 일에 대한 판단이 서기 때문이다.

만약 지금으로부터 대입까지 가는 길이 너무 아득해 보인다면 대입에서 시작해 지금 아이가 있는 위치로 되짚어 보는 것도 방법이다. 미로에서 길을 찾을 때, 보통은 입구에서 시작해 출구로 빠져나가는 쪽으로 문제를 해결하려 한다. 하지만 미로가 너무 복잡하여 길이 잘 보이지 않을 때는 출구에서 시작해 방향을 거꾸로 더듬어 보는 것도 방법이다. 그렇게 하면 오히려 길이 더 잘 보이는 경우가 있기 때문이다. 필자는 이를 진학 로드맵에 적용하는데, 일명 '거꾸로 로드맵'이라고 한다.

엄마가 대입을 공부하고 전략을 세울 수 있으면 필요한 것만 골라서 시키는 '최소의 선택'을 할 수 있다. 즉 불필요한 사교육비를 줄일 수 있다. 꼭 해야 할 것과 하지 말아야 할 것, 지금 해야 되는 것과 나중에 해도 되는 것을 구분할 수 있는 변별력이 생기기 때문이다. 돈을 아낄 수 있다는 장점보다 더 중요한 것은 아이가 행복해진다는 점이다. 이리저리 학원에 쫓겨 다니는 대신 엄마와 웃고 떠들고 뒹굴며 추억을 쌓으면 우리 아이들은 건강하게 자랄 것이다. 이때의 기억은 아이들이 나중에 힘든 시기를 겪을 때 버텨 낼 수 있는 원동력이 된다. 이 밖에도 엄마가 입시를 알면 좋은 점은 차고 넘친다.

그렇다면 엄마는 대입을 '어떻게' 알아야 할까? 답은 '입학 요강'에 있다. 인터넷에서 각 대학의 입학처에 들어가면 쉽게 볼 수 있다. 문제는 이해하기 어렵다는 점이다. 대입 용어는 유초등맘에게 무척 낯설다. 그렇지만 자꾸 보다 보면 알 수 있으니 너무 걱정하지 말길 바란다. 일단 프린트를 해서 보는 것이 좋다. 컴퓨터 모니터로 쓱 봐서는 이해하기 어렵다. 핸드폰 화면으로는 더 힘들다. 손가락으로 화면을 계속 확대해 봤자 제대로 보이지도 않고 이해는 더더욱 힘들기 때문이다.

대학 입시는 수시와 정시로 나뉘고 입학 요강도 구분되어 있다. 수시 입학 요강을 프린트해서 차분하게 읽어 보면 감이 잡힌다. 어떤 학과가 있고, 모집 인원은 몇 명이고, 내신 성적은 어떻게 반영되고, 필요한 서류는 무엇인지, 수능최저학력기준이 있는지도 알 수 있다. 보통 자료실에 입학 서류 양식이 있는데, 이를 통해 자기소개서는 어떤 항목으로 구성되어 있으며 교사 추천서는 어떤 것을 평가하는지 미리 알면 대입을 위해 무엇을 해야 하는지 파악할 수 있다.

유튜브로도 공부할 수 있다. 유웨이에 들어가면 이만기 소장님의 상세한 설명을 들을 수 있고, 메가스터디 남윤곤 소장님의 강의도 추천한다. 비전문가의 교육 유튜브보다 이런 채널이 훨씬 더 제대로 가르쳐 준다. 한 번 들어서 이해가 안 된다면 반복해서 들어 보는 것도 좋다. 입시는 아는 만큼 보이고 자녀의 나이만큼 보인다.

이렇듯 엄마가 대입을 공부하면 사교육의 현란한 말솜씨에 휘둘리지 않아도 된다. 대입을 위해 정말로 필요한 공부인지 안 해도 되는 공부인지 구분할 수 있기 때문이다. 그러나 안타깝게도 대다수의 엄마들은 이 일을 하기 싫어한다. 입학 요강만 봐도 머리가 아프다고 하는 분들도 있다. 그분들은 엄마를 대신해 이 일을 할 사람을 찾는다. 드라마 〈SKY 캐슬〉의 김주영 선생님 같은 입시 코디네이터가 있었으면 하는 마음이다.

물론 돈으로 어느 정도 해결할 수는 있다. 전문가에게 아이들을 맡겨 관리하면 성적을 올릴 수도 있다. 드라마에 이런 직업이 나올 정도면 이미 시장은 형성되어 있다는 뜻일 것이다. 인간은 기계와 달리 돈과 시간을 똑같이 넣어도 결과가 균일하게 나오지는 않는다. 교실에 똑같이 앉아 있어도 1등급부터 9등급으로 성적은 나뉜다. 드라마에서는 입시 코디네이터가 건강 관리, 멘털 관리까지 해 준다고 하는데 그건 드라마일 뿐 실제로는 최상류층만 받을 수 있는 서비스일 것이다.

마지막으로 덧붙인다면 세상에 어느 누구가 내 자식의 미래를 가장 많이 걱정하고 고민하겠는가. 그것은 엄마다. 어떤 대단한 선생님이나 컨설턴트도 엄마만큼 아이의 일에 진심일 수는 없다. 직업으로 하는 것과 무한한 책임을 느끼는 엄마는 비교 자체가 안 된다. 이 점에서 엄마의 진정성은 의심할 필요가 없다. 다만 엄마의 전문성은 길러져야 한다. 엄마가 입시를 공부해서 코치의 역할을 할 수 있다면 자녀 교육은 훨씬 수월할 것이다.

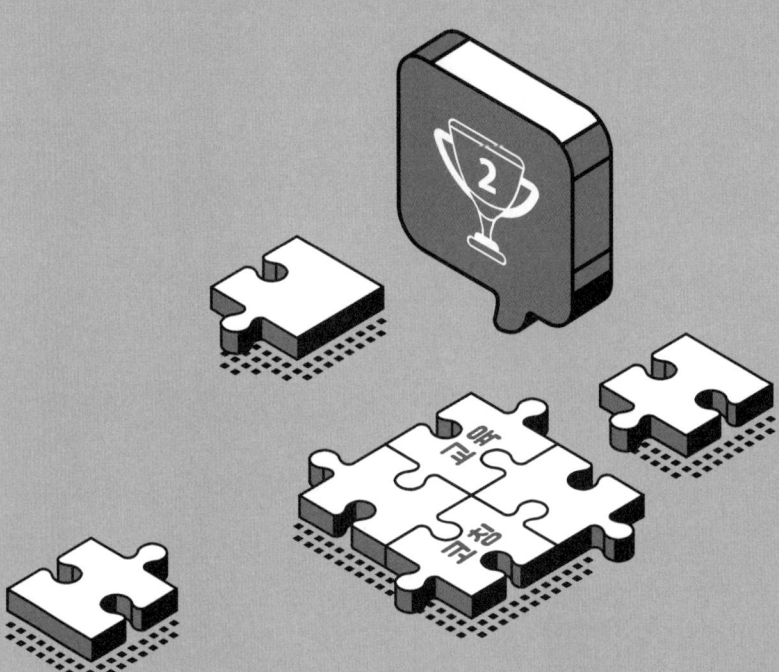

큰 그림을
그 리 려 면
교육과정부터

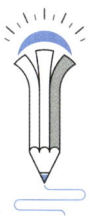

인재상이 변하면 모든 것이 변한다

시대가 변하면 시대가 요구하는 인재상도 변한다. 인재상이 변하면 교육과정이 변하고 입시가 변한다. 시대가 요구하는 인재를 길러 내야 하기 때문이다. 지금 우리의 교육과정은 또 한 번의 개정을 맞이하고 있다. 이 시점에서 그동안 인재상이 어떻게 변해 왔고 지금은 어떤 인재상이 요구되고 있는지 살펴보는 것도 의미가 있을 것이다.

인재상의 변화

한일(一)자형 → 아이(I)자형 → 티(T)자형 → 브이(V)자형 → 오(O)자형

백과사전처럼 포괄적인 지식과 교양을 갖춘 유형의 사람들은 '한일(一)자형' 인재라고 할 수 있다. 과거 조선 시대를 생각해 보자. 대부분

의 지식과 정보는 책에만 존재했고 그것을 더 많이 암기하고 있는 사람이 인재로 대접받았다. 그래서 과거에서는 종이를 몇 장씩이나 이어 가며 답안을 썼다고 한다. 장원 급제자들의 답지는 거의 10미터에 달하기도 했다고 하니 실로 어마어마한 인재들이었던 셈이다. 지금도 교사나 공무원처럼 다양한 분야의 지식을 갖추어야 하는 직업군에는 이런 한 일(一)자형 인재가 적합하다.

오랫동안 선호되던 한일(一)자형 인재에 뒤이어 각광을 받았던 것은 '아이(I)자형' 인재다. 한 분야의 전문 지식을 깊게 파고드는, 즉 각 분야의 전문가로 불리는 사람들이 이런 유형이다. 이는 산업화 시대가 가져온 변화였다. 그래서 1980년대 중반부터는 기업 등 여러 분야에서 아이(I)자형 인재들을 선호했다.

그다음으로는 한일(一)자형 인재와 아이(I)자형 인재가 결합된 '티(T)자형' 인재들이 등장했다. 폭넓은 지식과 함께 특정 분야에 대한 전문성까지 갖춘 사람들이 요구되기 시작한 것이다. 티(T)자형 인재는 더 다양한 전문성을 갖춘 '브이(V)자형' 인재로 진화했고 90년대에는 이런 인재들이 환영받았다.

그렇다면 지금의 시대가 원하는 인재상은 무엇일까. 다양한 분야의 지식을 통합하고 활용할 수 있는 '오(O)자형' 인재다. 지식을 확장하고 심화하는 단계를 거쳐 융합하는 시기에 이른 것이다. 이른바 '통섭형', '창의융합형'이 바로 이런 유형의 인재다. 그래서 현재 전국 단위의 자사고(자립형사립고등학교)들은 학생을 계열별로 모집하지 않는다. 지식의 통합이 대세인데 계열을 나누는 것이 무의미하다고 보기 때문이다.

'2019 개정 누리과정'은 이런 시대상을 반영하여 제정되었고, '2022 개정 교육과정'은 곧 현장 적용을 앞두고 있다. 이번 장에서는 개정 누리과정과 교육과정을 이해하고, 교육 목표와 변화 이유를 살펴보려 한다.

초등학교부터 대학교까지 학교들은 시대가 요구하는 인재를 길러 내기 위한 자신들만의 목표를 세워 놓고 있다. 각 학교의 홈페이지에 들어가면 그 학교의 인재상을 확인할 수 있으니 진학을 원하는 학교가 있다면 살펴보는 것이 교육의 방향을 잡는 데 도움이 될 것이다.

아이와 함께 읽어 보면서 어떤 것을 준비해야 하는지 생각해 보거나 동기 부여를 위해 그 내용을 프린트해서 책상 옆에 붙여 두는 것도 좋은 방법이다. 가능하다면 해당 학교를 직접 방문해서 선배들의 모습을 보거나 이야기를 나눌 수 있는 시간을 가진다면 효과는 배가 될 것이다. 그 학교의 교문에서 찍은 사진을 그 학교의 인재상과 함께 붙여 두면 볼 때마다 얼마나 목표 의식이 뚜렷해지고 의욕이 생기겠는가.

그런데 인재상을 그냥 읽기만 해서는 필요한 정보를 얻을 수 없다. 그것이 의미하는 바를 해석할 수 있어야 하는데 사실 처음부터 그 이면을 읽어 내는 것이 쉽지는 않다. 하지만 그렇다고 해석하기를 포기하거나 다른 사람의 설명에만 기대려고 해서는 안 된다. 다른 사람의 해석을 거친 설명은 그 사람이 유리한 방향으로 편집되기 쉽기 때문이다.

그러니 가능한 한 직접 자료들, 이를테면 입학 요강이나 입시 요강 등을 찾아보는 습관을 들이며 스스로 보는 눈을 키워야 한다. 사실상 이런 것들만 꼼꼼히 찾아보아도 필요한 정보는 거의 다 얻을 수 있다. 앞에서도 말했지만 내 아이를 위한 최선의 판단에 가장 진심일 수 있는 사람은 결국 엄마다. 실제로 어떤 엄마들은 상급 학교의 모집 요강 등을 꼼꼼히 읽고 분석하여 입시 전문가도 찾지 못한 자신의 아이에게 꼭 맞는 빈틈을 찾아내곤 한다.

현재 서울대가 원하고 있는 인재상을 예로 살펴보면서 어떤 식으로 내용을 해석해야 하는지 같이 생각해 보자.

서울대학교 인재상

미래를 개척하는 지식공동체
- 학교 교육과정을 성실히 이수하고 학업능력이 우수한 학생
- 학교생활에서 적극적이고 진취적인 태도를 보인 학생
- 글로벌 리더로 성장할 수 있는 자질을 지닌 학생
- 다양한 교육적, 사회적, 문화적 배경과 경험을 지닌 학생
- 사회적 약자에 대한 배려심과 공동체 의식을 가진 학생

서울대는 위와 같이 '미래를 개척하는 지식공동체'를 가치로 내세우고 있다. 서울대가 이 가치를 실현하기 위해 원하는 인재의 요건을 하나씩 살펴보자.

• 학교 교육과정을 성실히 이수하고 학업능력이 우수한 학생

이것은 내신을 정확하게 보겠다는 뜻이다. 특히 수시 모집의 지역균형 전형은 학교당 두 명을 추천하라고 되어 있는데, 이 말은 '문과 1등과 이과 1등을 보내세요'라는 말로 풀이할 수 있다. 서울대는 수시 모집의 일반 전형을 학생부종합 전형으로 뽑는다. 일단 '학생부'가 있다는 것은 내신을 보겠다는 뜻이고 '종합'이라는 것은 학교 활동도 함께 보겠다는 의미다. 직설적으로 말하면 "우리 학교는 일반 전형에서 내신을 많이 보니 비교과 활동만 우수한 학생은 오지 마세요" 내지는 "우리는 학교 성적도 좋고 교내외 활동도 우수한 학생을 원합니다"라는 것이다.

• 학교생활에서 적극적이고 진취적인 태도를 보인 학생

입학부터 졸업까지 학교생활을 의욕 있게 한 학생, 즉 고등학교에서 행해지는 활동에 적극적으로 임한 학생을 원한다는 뜻이다. '진취적 태도'는 수업 과정에서 보이는 태도를 뜻할 수도 있다. 배우고 싶은 과목이라면 다른 학생이 어렵다고 꺼리는 과목이라도 피하지 말고 적극적으로 이수할 것을 권하고 있기 때문이다. 고등학교에서는 학생들이 비교적 내신을 따기 쉬운 과목에 몰리는 경우가 많은데, 서울대에서는 이런 모습을 좋아하지 않는다.

- **글로벌 리더로 성장할 수 있는 자질을 지닌 학생**

'글로벌'이 뜻하는 바는 영어다. 서울대는 신입 학생 입학 전형을 '미래를 개척하고 인류 사회에 공헌할 수 있는 글로벌 융합 인재를 선발하는 과정'이라고 설명하고 있는데, 이 말 속에서도 영어를 중시하겠다는 의지를 확인할 수 있다.

- **다양한 교육적, 사회적, 문화적 배경과 경험을 지닌 학생**

서울대 수시 모집 전형은 지역균형, 일반, 기회균형 등 세 가지다. 서울대는 매년 입시 결과를 발표하고 있다. 신입생들의 출신 지역별 고교 현황, 고교 유형별 현황 등을 상세하게 밝혀 특정 지역 등에 쏠리지 않는 균형적인 선발이었다는 것을 밝히는 것이다. 이는 서울대가 전 국민에게 고른 기회를 주어야 하는 국립대학법인으로서의 책무를 다하기 위해 노력하는 모습이라고 볼 수 있다.

- **사회적 약자에 대한 배려심과 공동체 의식을 가진 학생**

서울대는 지원자의 성품뿐만 아니라 리더십, 공동체 의식, 책임감, 사회 구성원으로서의 기여 가능성을 평가한다고 명시하고 있다. 어찌 보면 너무 뻔한 얘기 같지만 사실상 가장 중요한 핵심이라고 할 수 있다. 서울대는 대한민국 최고의 명문대인 만큼 서울대의 학생들은 장차 사회의 리더로 성장할 가능성이 크기 때문이다.

이처럼 해석의 과정을 거치면 평범해 보이는 내용으로부터 필요한 정보를 구체적으로 얻을 수 있다. 관심이 있는 다른 대학교나 고등학교, 혹은 중학교나 초등학교의 인재상도 살펴보고 이러한 방식으로 분석을 해 보자. 꼭 그 학교에 진학을 하지 않는다고 하더라도 현재 교육의 흐름을 이해하는 데 도움이 될 것이다.

유아맘 보세요 '2019 개정 누리과정'

누리과정은 만 3~5세의 초등학교 입학 전의 아이들을 대상으로 시행하고 있는 국가 수준의 공통 교육과정이다. 누리과정이 도입되기 전에는 초중고를 위한 교육과정만 존재했기 때문에 유아 교육은 중구난방으로 이루어지고 있었다. 그래서 유아에게 평등한 교육 기회를 보장하고자 국가에서 시스템을 정비하고 국고로 교육비를 지원하게 된 것이다.

2012년 처음 시행하여 현재는 2019 개정 누리과정이 적용 중인데, 적용을 받는 기관은 전국의 유치원과 어린이집이다. 2019 개정 누리과정에 대한 상세한 내용은 교육부에서 제공하는 자료(고시문 및 해설서 등)를 통해 살펴볼 수 있다.

2019 개정 누리과정의 성격
- 국가 수준의 공통성과 지역, 기관 및 개인 수준의 다양성을 동시에 추구한다. - 유아의 전인적 발달과 행복을 추구한다. - 유아 중심과 놀이 중심을 추구한다. - 유아의 자율성과 창의성 신장을 추구한다. - 유아, 교사, 원장(감), 학부모 및 지역사회가 함께 실현해 가는 것을 추구한다.

2019 개정 누리과정의 가장 눈에 띄는 변화는 '유아 중심', '놀이 중심'을 내세운다는 것이다. 재미만 추구하는 단순한 놀이를 넘어 유아의 발달 과정에 필요한 역량을 고루 발달시킬 수 있는 자극을 제공하고 그 안에서의 경험을 통해 스스로 배우고 성장하도록 하겠다는 뜻을 담고 있다.

이를 위해 교사는 아이들이 스스로 놀이에 몰두하고 창의적으로 주도할 수 있도록 돕는 역할을 한다. 교사를 중심으로 아이들이 무언가를 배우는 것이 아니라, 아이들이 자율적으로 놀이를 이끌고 몰입하면서 창의적으로 주도해 나가도록 하는 것이다. 이런 기본 방향을 이해하고 2019 개정 누리과정의 5개 영역을 살펴보자.

2019 개정 누리과정 5개 영역별 발달상황	
1) 신체운동·건강	- 친구들과 함께 빠르게 걷고 뛰기, 점프하기 및 기구를 타며 이동하기 등 여러 가지 바깥 활동에 적극적으로 참여합니다. - 몸에 좋은 음식과 나쁜 음식을 구별할 수 있으며 골고루 먹으려고 노력합니다.

2) 의사소통	- 이야기 나누기 시간에 발표하기를 즐기며 자신의 느낌·생각·경험 등을 상황·대상에 적합하게 말하려고 노력합니다. - 교사가 들려주는 동화나 동시를 집중하여 주의 깊게 듣습니다.
3) 사회관계	- 자신의 감정을 긍정적으로 표현하려 노력하고 친구와의 갈등이 있을 때 교사의 도움을 받아 긍정적으로 해결하기 위해 노력합니다.
4) 예술 경험	- 간단한 리듬과 노래를 즉흥적으로 만들어 노래 부르기를 즐깁니다. - 색종이, 수수깡, 플라스틱 재활용 등 다양한 재료를 활용하여 자신의 생각과 느낌을 미술 활동으로 표현하며 만족감과 성취감을 느낍니다.
5) 자연 탐구	- 수 세기와 관련된 놀이나 게임 등을 통해 생활 속에서 사용되는 수의 의미에 대해 관심을 갖습니다. - 일상생활 속에서 두 물체의 길이나 무게 등의 기준으로 비교하는 활동에 관심을 갖습니다.
종합발달상황	- 평소 놀이하면서 노래 부르기를 좋아합니다. - 친구들과 함께 배우는 노래를 부르며 즐겁게 춤을 추며 친구와 사이좋게 놀고 갈등 시 긍정적으로 해결하기 위해 노력합니다. - 몸에 좋은 음식을 알고 골고루 식사하려고 노력합니다.

각 영역별 활동을 통해서 알 수 있듯이 2019 개정 누리과정에서는 거의 모든 수업이 '참여형'으로 이루어진다. 아이가 자신의 생각이나 느낌, 의견 등을 적극적으로 발표하는 게 중요해진 것이다. 다른 아이들의 이야기를 들으면서 서로 의견이 다르면 토의나 토론을 하기도 한다. 이 과정에서 소통하는 방법을 배우고 힘을 합쳐 어떤 일을 해내는, 즉 '협업'의 방법도 익히게 된다.

이는 미래의 인재가 되기 위해 매우 중요한 경험이다. 우리는 지금 사람과 사람이 경쟁하는 시대가 아니라 사람과 인공지능(AI)이 경쟁하는 시대에 살고 있고, 이 경쟁은 시간이 지날수록 더욱 치열해질 것이기 때문이다. 아무리 뛰어난 사람이라고 해도 AI를 혼자서 상대할 수는 없다. 필요한 전문성을 가진 사람들이 각자의 장점을 살려 협업을 해야 한다. 그래야 AI가 못하는 일을 해낼 수 있다.

그런데 협업이라는 게 필요한 사람들을 데려다 놓는다고 뚝딱 이루어지는 게 아니지 않는가. 어떤 조직이 성과를 내지 못하거나 무너질 때 가장 많이 언급되는 이유를 생각해 보자. 바로 '소통의 부재'다. 협업은 소통을 바탕으로 했을 때 비로소 바라던, 아니 그 이상의 성과를 낼 수 있다. 그래서 소통을 바탕으로 협업을 할 수 있는 능력은 인재가 되기 위한 가장 기본적인 조건이라고 할 수 있다. 달리 말하면 AI 개발자가 되느냐 AI 오퍼레이터(조작자)에 머무느냐의 차이를 만드는 것이 바로 소통과 협업 능력이라는 것이다. 그래서 누리과정에서는 '놀이'를 중심으로 한 '참여형' 수업을 통해 이런 능력을 자연스럽게 길러 주려는 것이다.

놀이가 공부나 학습이라는 말보다 중요시된다는 점에 불안함을 느끼는 엄마들도 있을 것이다. 하지만 공부에는 적기라는 게 있다. 무조건 서두른다고 좋은 것은 아니니 너무 조급하게 생각하지 말자. 게다가 놀이는 그 자체로서 의미가 크다. 앨빈 토플러 이후 최고의 미래학자로 손꼽히는 다니엘 핑크는 미래 인재의 여섯 가지 조건 중 하나로 '놀이'를 꼽았다. 삶의 풍요로움을 즐길 줄 알아야 한다는 것이다.

이런 인식은 2019 개정 누리과정의 5대 영역 중 하나로 '예술 경험'이 들어가고, 추구하는 인간상으로 '건강한 사람, 자주적인 사람, 창의적인 사람, 더불어 사는 사람'과 함께 '감성이 풍부한 사람'을 꼽고 있다는 점에서도 잘 드러난다.

'감성'은 예체능 교육과 직결된다. 예체능은 기본적으로는 개인의 행복, 즉 나의 즐거움과 행복을 위한 것이다. 그러나 나에서 끝나지 않는다. 많은 심리학 연구 결과들이 증명하고 있듯이 감정도 전염이 된다. 행복한 사람은 주변도 행복하게 만들 가능성이 큰 것이다. 게다가 내가 행복해지면 다른 사람이 행복해하는 것도 쉽게 알아차릴 수 있다. 이것이 곧 공감이고 소통이다.

이런 면에서 예체능 교육의 중요성이 점점 더 부각되고 있는데, 이는 달라진 현대 사회의 모습과도 관련이 있다. 평균 수명은 길어지고 인간관계도 때로 스트레스가 될 만큼 복잡해졌지만 아이러니하게도 사람은 점점 혼자인 시간이 늘어나고 있다. 그래서 혼자인 시간에도 잘 놀고, 행복할 수 있는 방법을 찾는 것이 중요해졌다. 그 시간을 풍요롭게 채워 줄 수 있는 것이 예술적인 감성인 것이다.

주말에 할 일이 없어 멍하니 뒹구는 사람보다는 자신이 좋아하는 공연이나 전시를 즐기러 나갈 수 있는 사람이, 혼자 집 안에 있더라도 좋아하는 음악 한 곡, 책 한 권, 영화 한 편에 행복해질 수 있는 사람이 인생을 훨씬 풍요롭게 살 수 있지 않겠는가. 그런 뜻에서 2019 개정 누리과정의 추구하는 인간상에 '감성이 풍부한 사람'을 포함시킨 것은 매우 바람직한 변화라고 할 수 있다.

누리과정에 대한 자세한 내용은 누리과정 포털 사이트인 'i-누리(i-nuri.go.kr)'에서 살펴볼 수 있으니 참고하자.

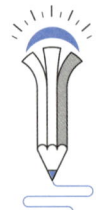

초등맘 보세요 '2022 개정 교육과정'

'교육과정'이란 초중고교에서 '무엇을, 어떻게 가르칠 것인가'에 대해 국가가 기준을 정해 놓은 틀이다. 쉽게 말하면 교육부에서 우리 학생들을 어떤 목적으로 어떻게 교육할 것인지 자세하게 알려 주는 계획서 같은 것이다. 누리과정의 목적이 미래 사회에 필요한 인재의 틀을 잡아 주는 것이었다면 초중고에 적용되는 교육과정의 목적은 본격적으로 그 인재를 키우는 것에 있다. 더 직접적으로 이야기하자면 '미래에 써먹을 수 있는 아이'를 만들자는 것이다.

우리나라는 1954년 발표된 1차를 시작으로 모두 일곱 차례 교육과정을 개편했다. 1차부터 7차까지는 비교적 긴 주기를 두고 전체적으로 개정했지만 이후부터는 2~4년에 한 번씩 수시로 개정되고 있다. 세계 교육의 흐름이 그만큼 급변하고 있기 때문이다. 그래서 7차 이후로는 차

수를 붙이는 대신 개정된 연도를 붙여 구분하는데, 현재 2022 개정 교육과정이 예고되어 있는 상황이다. 새 교육과정은 2024년 초등학교 1, 2학년부터 우선 적용된 후 2025년부터 중학교 1학년, 고등학교 1학년 등에 순차적으로 확대될 예정이다.

교육과정이 2015년 이후 7년 만에 다시 한번 대대적으로 개정을 맞이하게 된 배경에는 디지털 기술의 발전과 4차 산업 혁명의 가속화로 인한 급격한 사회 변화가 있다. 이로 인해 미래 사회의 불확실성은 더욱 증가하고 있고, 변화 속도가 워낙 빨라 무엇이 어떻게 될지 예측조차 어려울 지경이라는 것이다. 그래서 예전처럼 사회의 변화를 예측하여 그에 대비한 교육을 하는 게 힘들어졌다. 대신 변화 그 자체에 대응하는 교육을 해야 할 필요성이 생겼다. 이를 위해 2022 개정 교육과정에서는 학생 개별 맞춤형 교육을 위한 '고교학점제'와 '디지털 역량 강화'에 핵심을 두고 여러 과제를 추진하고 있다. 구체적인 방향은 다음과 같다.

2022 개정 교육과정의 방향	
개별성과 다양성	- 학생 개별 성장 및 진로 연계 교육 지원 - 삶과 연계한 역량 함양 교육과정 개선
분권화와 자율화	- 지역 분권화 및 학교 교사 자율성에 기반한 교육과정 강화 - 국민과 함께하는 교육과정 개발
공공성과 책무성	- 기초학력 및 배려 대상(특수교육, 다문화 등) 교육 체계화 - 지속 가능한 미래 및 불확실성에 대비한 교육 강화 (디지털 및 생태 전환 교육, 민주 시민 교육 등)

디지털 기반 교육	- 온오프라인 연계 등 미래지향적 교수, 학습 및 평가 재설계 - 디지털 기반 삶, 학습과 연계한 공간 구성 및 재구조화

주요 내용을 짚어 보자. 먼저 '개별성과 다양성' 측면에서 내세우고 있는 진로 연계 교육은 초6, 중3, 고3의 2학기에 진로와 연관된 교육을 실시하겠다는 것이다. 실제 진로 선택을 앞두고 현실적인 도움이 되도록 하겠다는 뜻으로 보인다. 이를 위해 기존의 중1 때 실시되던 자유학년제는 폐지된다.

원래 자유학년제의 의미는 시험의 압박에 시달리지 않고 자유롭게 진로를 탐색하는 시간을 가져 보자는 것이었다. 그런데 이제 막 중학교에 입학한 중1이 자신의 진로에 대해 깊이 있는 고민을 하기에는 현실적으로 무리가 있다. 그래서 어영부영 1년을 보내다 2학년이 되어 첫 시험을 치르며 우왕좌왕하는 경우가 많았다. 이런 혼돈이 실제 아이들의 학력 저하로 나타나니 자유학년제는 유지가 힘들 수밖에 없었다.

고등학교 과정에서는 고교학점제 도입이라는 큰 변화가 일어난다. 대학처럼 일정 학점을 따야 졸업을 할 수 있는 것이다. 이것은 두 가지 의미로 해석될 수 있다. 첫 번째는 수업에 충실히 참여하라는 것이다. 공교육을 정상화하겠다는 의지가 반영되었다고 볼 수 있다. 두 번째는 이수할 과목을 자신이 선택할 수 있다는 점에서 개인 맞춤형 교육의 실천이라는 것이다.

'분권화와 자율화'의 의미는 나라 전체의 교육 인프라를 끌어올리고, 교육 하면 강남 대치동부터 떠올리는 현실을 개선해 보겠다는 것이다. 그런데 그게 어디 인프라만 구축된다고 해결될 문제인가. 그 인프라에 대한 평가, 나아가 입시에서의 결과까지 이어져야 실효가 있을 것이다. 대입에서는 지역인재 전형이 늘고 있는데, 이는 결과를 보일 수 있게 지역에 할당량을 주는 것이다.

초등학교 과정에서는 선택과목 제도가 도입된다. 그동안은 국가 공통 교육과정으로 정해진 과목만 배웠는데, 앞으로는 학교의 재량으로 3학년부터 6학년까지 선택과목을 신설해 운영할 수 있다. 이는 이후 고교학점제와 연결되는 지점이다.

'공공성과 책무성'에서는 기초학력 강화를 이야기하고 있는데, 특히 초등학교 입학 초기의 한글 교육이 강화된다. 1~2학년에서 국어 수업 시간이 34시간 늘어나는 것이다. 요즘은 대부분의 아이들이 기본적인 한글 교육을 마친 상태로 초등학교에 입학한다. 하지만 다문화 가정도 늘어나고 있는 상황이고, 사정상 한글 교육을 받기 어려운 환경의 아이도 있다. 이런 부분을 엄마나 가정의 책임으로 돌리지 않고 학교에서 조금 더 신경 쓰겠다는 뜻이다. 신체 활동을 강화하기 위해 즐거운 생활 교과의 비중도 크게 늘어나 주 2회 이상 놀이 시간이 확보되는 것도 달라지는 부분이다.

특수교육의 체계화도 공교육의 공공성과 책무성에서 빠질 수 없는 이야기다. 노희경 작가의 드라마 〈우리들의 블루스〉에서 실제 청각장애를 가진 배우가 청각장애인 역할을, 다운증후군의 배우가 다운증후군을 가진 배역을 맡아 화제가 되었다. 우리나라 드라마에서는 처음 있는 일이었기 때문이다.

극 중 다운증후군 언니를 홀로 부양하며 많은 어려움을 겪고 있는 영옥(한지민)의 입을 통해 일반 학교에서는 받아 주지 않고 특수학교는 멀리 있어서 보내기 힘든 현실을 가슴 아프게 이야기하는 부분이 있었다. 장애인을 출연시켜 장애인에 대한 편견을 깨는 동시에 장애인이 처한 현실을 잘 알려 주는 장면이었다. 이번 교육과정 개편에서 특수교육의 체계화를 내세운 것은 이런 현실을 개선하고자 하는 의지를 드러낸 것으로 읽힌다.

마지막으로 '디지털 기반 교육'은 이번 개정 교육과정에서 처음 제시되는 개념이자 가장 특징적인 부분이다. 디지털·인공지능(AI) 소양교육이 초중고 전체에서 강화되는데, 이를 위해 정보 교과와 학교 자율 시간을 활용해 디지털 활용 능력과 AI 기초를 학습하게 된다. 초등학교 과정에서는 놀이나 체험 위주로 간단한 프로그램을 배우고, 중고등학교에서는 AI와 관련된 기본 혹은 심화 과목을 들을 수 있다.

요즘 아이들은 디지털 세상에서 나고 자란 세대다. 숨을 쉬듯 디지털

이 익숙하기는 하지만 남이 만들어 놓은 환경을 단순히 이용하는 것과 직접 그 환경의 배경을 이해하는 것, 더 나아가 그것을 만드는 데 직접 참여하는 것은 다르다. 환경을 보다 능동적으로 활용하기 위해서는 그에 따른 지식과 이해도를 갖추는 것이 필수적이다. 그러니 디지털 소양 교육의 강화는 AI를 기반으로 빠르게 변화해 가는 세상에 필요한 인재를 배출하기 위한 가장 직접적인 조치라고 할 수 있다.

변화되는 교육과정의 주요 내용들을 살펴보았다. 국가가 제도를 통해 어떤 것을 제시했을 때 우리는 그것이 가리키는 방향을 본다. 그러나 그 방향을 따라가는 것은 개인의 선택이라고 생각한다. 공교육이 아무리 다양성을 추구한다고 해도 개개인의 성향과 목적을 모두 만족시킬 수는 없기 때문이다. 그래서 공교육이 제시하는 큰 틀을 참고하되 내 아이에게 맞는 혹은 더 필요한 것들을 고민할 필요가 있다.

예를 들어 디지털 역량의 강화도 중요하지만 빠르게 변화하는 사회 속에서 길을 잃지 않도록 인문학적 소양을 갖추는 것도 중요하다. 디지털의 발달이 사회를 급속도로 변화시키고 있지만 긍정적인 영향만 주는 것은 아니니까. 그런데 부정적 영향들은 대부분 이전에는 없던 영역이라 아이가 바르게 대처하기 위해서는 내면을 올바른 가치관으로 단단하게 다져 두어야 한다. 인문학의 중요성이 다시금 강조되고 있는 것은 그런 이유 때문이다.

갈수록 그 영역을 넓히고 있는 '크리에이터'라는 말에 대해서도 생각해 보자. 크리에이터는 유튜브 콘텐츠 제작자, 개발자, 작가 등 무언가를 새롭게 만들어 내는 사람들을 가리키는 말로 쓰인다. 지식의 암기가 중요했던 시대에서 지식의 활용이 중요해진 시기로 넘어왔다는 것을 보여 주는 대표적인 단어라고 할 수 있다.

그러나 크리에이터가 이 세상에 없던 것을 창조해 내는 것은 아니다. 기존에 있던 재료, 방식 등에 자신만의 무언가를 더해 전체를 새롭게 탈바꿈시키는 것일 뿐이다. 마치 한 방울의 잉크가 컵에 담긴 물 전체의 색을 바꾸는 것처럼 말이다. 그 한 방울의 잉크가 바로 '창의성'이다.

냉장고, 세탁기 등의 가전을 뭉뚱그려 '백색 가전'이라고 부르던 때가 있었다. 말 그대로 죄다 백색이었으니까. 당시에는 제품의 성능이 중요했지 디자인에는 큰 의미를 두지 않았다. 그런데 시간이 지나 여러 가전 회사들이 생겨나면서 성능 좋은 제품들이 쏟아져 나오기 시작했다. 그러자 더는 성능만으로 소비자에게 큰 인상을 주기가 어려워졌다. 차별점을 찾아야 했다.

그래서 나오기 시작한 것들이 이른바 '디자인 가전'이다. 한때 냉장고들이 요란한 색이나 무늬를 자랑하던 시절이 있었다. 지금은 그 시기를 거쳐 개인의 취향대로 디자인을 선택할 수 있는 시대가 되었다. 어디 디자인뿐인가. 아예 소비자의 요구에 따라 제품 자체를 맞춤으로 생산하고 있다. 가전제품을 성능이 아닌 디자인으로 차별화시킬 수 있다는 생각의 전환, 이미 만들어진 제품을 판매하던 관행을 깨고 개별 소비자의 요구에 맞추어 생산하겠다는 발상, 이런 것이 바로 창의성이다.

주입식교육을 하던 예전에는 '쓸데없는 생각 하지 말고 공부나 해라' 같은 말로 학생 개인의 창의성을 억눌렀다. 하지만 점점 더 창의성의 중요성이 커지고 있는 지금은 쓸데없는 생각, 엉뚱한 생각을 더 많이 할 수 있도록 다양한 자극을 경험할 필요가 있다. 그리고 이런 부분은 아무래도 학교에서 배우는 것만으로는 충분하지 않다.

경쟁은 상위권으로 갈수록 디테일해진다. 가전제품의 경쟁이 성능에서 시작해 디자인, 맞춤형 생산으로 발전된 이유가 무엇이겠는가. 더는 성능만으로, 디자인만으로 우열을 가리기 힘들어졌기 때문이다. 인재도 마찬가지다. 높은 수준으로 올라갈수록 디테일한 부분에서 경쟁력이 생긴다. 그리고 그 작은 차이는 아이의 성향과 자질을 충분히 개발할 수 있는 섬세한 교육에서 만들어질 수 있다. 그래서 엄마에게는 학교교육에서 제시하는 큰 그림과 그 그림에서 빠져 있는 작은 조각들을 함께 살필 수 있는 눈이 필요한 것이다.

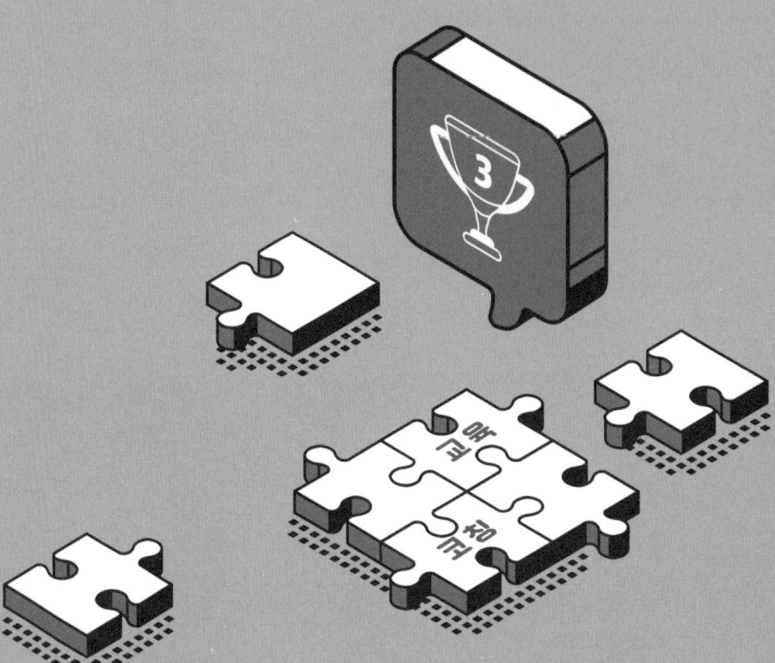

명문대를 향한 첫발 내딛기

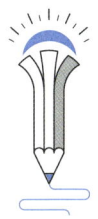

New 학생부종합 전형 톺아보기

우리나라의 대입 방법은 크게 수시와 정시로 나뉜다. 그리고 수시에는 학생부교과 전형, 학생부종합 전형, 논술 전형, 실기 전형의 네 가지 유형이 있다. 2023년 대입을 기준으로 전국 198개 대학의 각 전형별 모집 인원을 살펴보면 다음과 같다.

	2023 대입 전형별 모집 인원		
	전형 유형	모집 인원(명)	비율(%)
구분	학생부위주(교과)	154,464	44.2
	학생부위주(종합)	81,390	23.3
	논술위주	11,016	3.2
	실기/실적위주	21,014	6.0
	기타	4,558	1.3

수시 계		272,442	78.0
정시	수능위주	69,911	20.0
	실기/실적위주	6,150	1.8
	학생부위주(교과)	252	0.1
	학생부위주(종합)	313	0.1
	기타	56	0.0
정시 계		76,682	22.0
합계		349,124	100

위 표에서 보듯이 전체의 78%가 수시로 선발되고 그중 학생부교과 전형이 약 44%, 학생부종합 전형이 약 23%의 비중을 차지하고 있다. 모집 인원을 비교해 보면 학생부교과 전형 > 학생부종합 전형 > 정시 순이다. 정부의 정책상 정시의 비중이 조금씩 높아지고는 있지만 그래도 이 순서에 큰 변화가 생기지는 않을 것으로 보인다. 대부분의 대학들이 정시까지 기다리기보다는 수시로 우수한 학생을 먼저 뽑고 싶어 하기 때문이다. 그렇다면 수시 선발 인원의 대부분을 차지하는 '학생부교과 전형'과 '학생부종합 전형'은 어떤 차이가 있을까.

학생부교과 전형에서 말하는 '학생부'는 '내신'을 뜻한다. '교과'도 마찬가지다. 즉 학생부교과 전형은 내신으로 학생을 선발하는 방법이라는 뜻이다. 그런데 학생부교과 전형을 실시하는 대부분의 대학에서는 수능에서 일정 수준 이상의 점수를 받을 것을 요구한다. 이 '수능최저'를 맞춰야 하기 때문에 최종적으로는 수능이 끝난 후에 합격 여부가 결정된다. 이에 비해 학생부종합 전형은 '학생부', 즉 '내신'과 함께 '종합'을 요구하는데 여기서 말하는 종합은 학교생활과 관련된 '서류'를 뜻한다. 풀이를 하자면 학생부교과 전형은 내신으로 신입생을 선발한다는 것이고, 학생부종합 전형은 학생의 내신과 관련 서류를 함께 본다는 것이다.

학생부교과 전형	학생부종합 전형
학생부(=내신) + 교과(=내신)	학생부(=내신) + 종합(=서류)
→ 학생의 내신을 본다	→ 학생의 내신과 서류를 함께 본다

인원수만 놓고 본다면 학생부교과 전형의 모집 인원이 가장 많다. 그런데 중요한 것은 서울대를 포함한 서울의 상위권 대학들은 대부분 학생부종합 전형으로 학생을 선발한다는 사실이다. 이런 학생부종합 전형이 2024년 큰 변화를 앞두고 있다. 학생부종합 전형의 의미와 함께 변화되는 내용을 살펴보자.

학생부종합 전형이 학생부교과 전형과 다른 점은 '서류'를 본다는 것이다. 그렇다면 서류만 잘 준비하면 유리할까? 그렇지는 않다. 선발 과정의 1단계는 내신이고 2단계가 서류이기 때문이다. 그러니 내신이 좋지 않으면 서류는 의미가 없다. 즉 학생부종합 전형은 '내신이 좋은 학생들 중에서 서류까지 뛰어난 학생'을 뽑겠다는 뜻인 것이다.

학생부종합 전형에서 요구하는 서류는 생기부, 즉 학교생활기록부다. 예전에는 생기부 외에도 자기소개서, 교사 추천서, 우수성 입증 자료 등 필요한 게 많았지만 대부분 없어지고 생기부가 가장 중요한 서류가 되었다. 여기에는 이유가 있다.

학생부종합 전형은 2007년 미국의 제도를 본뜬 입학사정관제를 도입하면서 시작되었다. 미국은 워낙 나라가 커서 같은 날 일제히 시험을 치를 수가 없다. 그래서 대학이 채용한 입학사정관이 필요한 자료를 받아서 심사하는 입학사정관제라는 입시 제도가 생겨났다. 이 제도를 우리나라에 가져와 상황에 맞게 변형시킨 것이다. 그런데 막상 현장에 적용해 보니 개선해야 될 점들이 드러나기 시작했다.

미국에서는 학생이 처한 상황을 평가 요소에 반영하여 사회적 약자 계층에게 기회를 제공한다. 하지만 우리나라는 그런 인원을 '정원 외'로 선발하고 오직 학교에서의 활동 위주로만 학생을 평가했다. 그래서 초창기에는 출신 고등학교의 유형에 따라 유불리가 나뉘었다. 교내 활동이 많은 고등학교가 이 전형에 유리한 측면이 있어서 일반고의 내신 1등급과 특목고의 내신 4등급이 동일한 평가를 받는다는 말까지도 나왔었다.

활동은 서류로 증빙되며 이때 서류는 공정해야 하고 지원자와 선발자 간에 신뢰가 형성되어야 한다. 그런데 합격이라는 목표 아래 일부 부풀리고, 과장된 거짓 서류가 만들어지기도 했으며 이는 입시 비리라는 타이틀로 언론에 노출되기도 하였다.

이런 폐단을 없애고자 입시 서류 축소화가 진행되었으며 궁극적으로 학교생활기록부가 가장 중요한 서류가 되었다. 매년 교육부에서는 〈학교생활기록부 기재 요령〉을 발표하는데 2024년 중고등학교 생기부에는 자율동아리활동, 봉사활동, 수상경력, 독서활동 등이 반영되지 않는다. 차후 대학에서는 생기부를 통해 학생의 비교과 능력을 확인할 수 없게 되는 것이다. 이에 따른 문제 개선을 위해 학생부종합 전형의 평가 요소가 다음과 같이 바뀐다.

기존 학생부종합 전형		New 학생부종합 전형
학업 역량 전공 적합성 발전 가능성 인성	⇒	학업 역량 진로 역량 공동체 역량

기존 학생부종합 전형의 평가 요소 중 학업 역량은 그대로 유지되지만 전공 적합성은 진로 역량으로 대체되었다. 발전 가능성과 인성은 공동체 역량으로 통합되었다.

'역량'이라는 말에 주목하자. 역량은 어떤 사람이 할 수 있는 일을 수

치로 보여 주는 것이다. 지구력, 체력, 분석력, 논리력 등이 모두 포함된다. 역량으로 학생부종합 전형을 평가하겠다는 것은 한마디로 대학에서 공부할 수 있는 힘이 있느냐를 보겠다는 뜻이다. 이를 염두에 두고 각각의 평가 요소들이 어떤 의미를 가지고 있는지 살펴보자.

- **학업 역량**
  - 대학 교육을 충실히 이수하는 데 필요한 수학 능력
  - 평가 항목: 학업 성취도, 학업 태도, 탐구력

학업 역량의 평가 항목 중 가장 중요한 것은 학업 성취도다. 이것을 평가하겠다는 것은 곧 교과를 보겠다는 뜻인데, 교과에는 성적표와 수행평가가 포함된다. 그래서 학종(학생부종합 전형의 줄임말)의 출발은 교실이라고 할 수 있다. 좋은 성적을 받는 것도 중요하지만 고른 성적을 받는 것도 중요하다. 포기하는 과목이 있어서는 안 된다. 이는 학업 태도에 대한 평가와도 이어지기 때문이다.

공부가 좋아서 하는 아이가 몇이나 되겠는가. 그러니 모든 과목에서 고루 좋은 성적을 얻었다는 것은 힘들고 하기 싫은 일도 참고 해내는 인내심과 노력과 성실함의 증명이기도 한 것이다. 성적이 들쭉날쭉하다는 것은 그 반대의 의미로 해석될 수밖에 없다. 그래서 포기한 과목이 있으면 좋은 평가를 받기 힘들다.

수행평가의 결과는 생기부의 세부 능력 및 특기 사항에 기록되는데 이는 탐구력을 추정하는 근거로도 활용된다. 탐구력을 보겠다는 것은 결과뿐만 아니라 과정까지 보겠다는 뜻이다. 지적 호기심을 바탕으로 사물과 현상에 대해 탐구하고 문제를 해결하려고 노력했는가를 평가하겠다는 것인데, 이런 탐구력을 발휘하려면 일단 아이에게 그럴 만한 '여유'가 있어야 한다.

학교 진도를 따라가기도 바쁜데 여유 있게 탐구하라고 하는 것은 무리한 요구다. 따라서 대비책으로 선행학습을 권한다. 선행학습에 관해선 지나치게 부정적일 필요도, 지나치게 불안해할 필요도 없다. 어릴 적부터 배우는 것에 관심이 많고 독서, 생각하기, 글쓰기 등 공부할 자세가 되어 있다면 초등 중학년부터의 선행학습은 그리 힘든 게 아닐 것이다.

자유학년제가 실시되는 동안에는 중학교 1학년 지필고사가 없다. 그 대신 수행평가라는 과정형 평가가 실시된다. 수행평가는 교사의 평가 기준에 따라 총점에서 부족한 부분을 감점하는 형태로 운영된다. 중학교 1학년의 수행평가는 상당히 중요한 의미를 가지는데 이는 명문대 학생부종합 전형과 국제 바칼로레아(IB)와도 연결고리가 있다. 미래교육의 모토인 참여형 수업, 토론형 수업, 소통형 수업의 모델인 셈이다.

- **진로 역량**
  - 자신의 진로와 전공(계열)에 관한 탐색, 노력과 준비 정도
  - 평가 항목: 전공(계열) 관련 교과 이수 노력, 전공(계열) 관련 교과 성취도, 진로 탐색 활동과 경험

고교학점제가 도입되면 아이들은 자신이 원하는 과목을 선택해 학점을 취득해야 한다. 이때 자신의 진로와 관련된 교과목을 이수하기 위해 노력한 모습을 보겠다는 뜻이다. 예를 들어 서울대 경제학부, 자유전공학부를 목표로 하는 학생이라면 문과라도 미적분을 선택과목으로 수강하라고 서울대 입학처는 권장한다.

물론 선택과목에서 좋은 성적을 받는 것은 중요하다. 하지만 성적이 다는 아니다. 서울대에서는 교과 성적을 평가할 때 학생이 이수한 과목의 선택 상황을 고려하겠다고 밝히고 있다. 이게 무슨 뜻인지 생각해보자.

100명이 듣는 수업과 10명이 듣는 수업이 있다. 어느 수업에서 좋은 성적을 얻기가 쉽겠는가. 상대평가라면 당연히 100명이 듣는 수업 쪽이다. A학생은 어렵더라도 자신의 진로와 연관된 10명 수업을 택했고 B학생은 좋은 성적을 노려 100명 수업을 들었다. 결과적으로 B학생이 더 좋은 성적을 받았다.

이러한 경우 서울대는 B학생보다 A학생에게 더 좋은 평가를 줄 수 있다는 것이다. 왜? 수치상으로 드러나는 성적은 B가 우수하더라도 난이도가 높고 소수 학생이 참여한 과목을 선택한 A학생의 도전 정신과 호기심을 높이 사겠다는 것이다. 같은 맥락에서 원하는 과목이 자신의 학교에 개설되어 있지 않아 다른 학교의 수업을 온라인으로 수강하는 노력을 보인 학생이 있다면 이 또한 플러스 요인이 된다. 정리하자면 진로 역량에서는 전공 관련 교과 이수 노력과 함께 어려워도 도전하는 자세를 중시한다는 뜻이다. 그래서 수강 신청을 어떻게 하느냐가 매우 중요하다.

생기부의 창의적 체험 활동은 학업 역량뿐만 아니라 진로 역량을 평가하는 자료이기도 하다. 따라서 창의적 체험 활동에 해당하는 자율활동, 동아리활동, 봉사활동, 진로활동 등 네 가지를 신경 써야 한다. 그중 자율활동에는 모든 학교 행사가 포함되기 때문에 평소 적극적으로 참여하는 것이 좋다.

- **공동체 역량**
  - 공동체의 일원으로서 갖춰야 할 바람직한 사고와 행동
  - 평가 항목: 협업과 소통 능력, 나눔과 배려, 성실함과 규칙 준수, 리더십

공동체 역량은 미래 인재의 중요한 요건으로 꾸준히 언급되고 있다.

서울대에서는 원하는 인간상으로 '사회적 약자에 대한 배려심과 공동체 의식을 가진 학생'을 꼽았고, 누리과정에서는 '더불어 사는 사람'을 이야기했다. 상대를 존중하고 인정하는 자세, 감사하는 마음을 잊지 않는 태도는 입시를 떠나 한 인간으로서 갖추어야 할 바람직한 인성이기도 하다. 그러니 자녀가 바른 인성을 갖출 수 있도록 교육하는 것은 부모의 의무다.

대입에서 공동체 역량을 평가하기 위해 보는 것은 교사가 학교생활기록부에 쓴 '행동 특성 및 종합 의견' 항목이다. 초중고 기록을 모두 살펴보는데 그중 부정적인 표현이 담겨 있어 신경을 쓰는 엄마들이 많다. 하지만 법을 어겼다거나 남에게 커다란 해를 입혔다거나 하는 심각한 경우가 아니라면 크게 걱정하지 않아도 괜찮다. 자라는 아이들이고, 성장기에 좌충우돌할 수 있다는 건 누구나 알고 이해하기 때문이다. 어떻게 그 몇 줄로, 혹은 몇 장의 서류로 한 아이의 인성을 평가하고 단정할 수 있겠는가. New 학생부종합 전형의 평가 요소에서 '인성'이 빠진 것도 그런 이유다.

학종은 명확한 답이 존재하고, 점수가 객관적으로 매겨지는 정량평가가 아니다. 평가자의 종합적인 판단이 중요한 정성평가다. 어느 한 영역만 독립적으로 평가하는 것도 힘들다. 서로가 연관되어 있는 부분이 많기 때문이다. 말 그대로 '종합' 평가인 것이다. 그래서 학종을 잘 관리하기 위해서는 전체 영역을 고루 살피는 통합적인 시각이 필요하다. 더 중요한 것은 미리부터 꾸준히 준비하지 않으면 막상 닥쳐서는 관리할 여유가 없다는 것이다. 특히 다음에 이야기할 비교과 부분이 더욱 그렇다. 유초등맘이 대입을 알아야 한다고 강조하는 건 바로 이런 이유 때문이다.

비교과의 이해와 대비

우리가 아는 내신은 '교과'로 학생의 학업 성취를 등급화하며 성취평가(절대평가)와 상대평가로 구분한다. '비교과'는 교과 성적을 제외한 학교에서의 모든 활동을 뜻하는데 출결, 수상 경력, 자격증 취득 상황, 봉사활동, 특별활동 등과 교과학습발달상황 중 세부 능력 및 특기 사항이 포함된다.

명문대에서 가장 많이 선발하는 학생부종합 전형은 교과와 비교과를 종합적으로 평가한다. 비교과 영역은 점수, 등수, 평균으로 줄을 세우는 정량평가가 불가하고 현재의 실력과 미래의 잠재력까지 정성평가 해야 그 의미가 있다.

비교과는 학교생활기록부에 남기는 기록으로 평가된다. 그래서 우선은 학교생활을 충실하게 해야 한다. 그리고 다양한 활동을 생기부에 남겨야 한다. 비교과 활동의 결과는 보고서 등 증빙서류로 제출해야 평가받는데, 대입에서는 최근 3년간의 활동만 인정된다. 고등학생이 된 후에는 내신, 수능 등 공부에도 바쁜데 갑자기 낯선 활동을 시작하기는 쉽지 않다. 그래서 유초등 때부터 미리 다양한 활동을 통해 비교과적 역량을 쌓아 두어야 한다.

이를 위해 추천하는 첫 번째 활동은 '연계 독서'다. 이전에는 남들이 잘 읽지 않는 독특한 독서를 한 이력이 도움이 되었지만 지금은 그렇지 않다. 독서도 교과 내용과 관련된 것들을 권장하고 있다. 이러한 독서 습관을 초등생 때부터 들이는 것이다. 교과서에 수록된 책들 중 관심이 가는 것을 한 권 골라 읽고, 그 내용과 관련된 책들을 더 찾아서 보는 것이다. 이렇게 두세 단계만 거쳐도 얼마나 독서의 폭이 넓어지겠는가. 이런 활동을 반복하면서 독서의 폭과 깊이를 더해 가도록 한다.

초등학교 5학년 정도가 되면 책을 정리하는 방법에도 신경을 써야 한다. 책을 무작위로 꽂아 두거나 제목별로 정리하는 것은 아이의 독서에 도움이 되지 않는다. 인문, 사회, 상경, 자연, 공학, 의학, 예술 등 섹션별로 책을 분류해서 꽂아 두자. 그래야 아이가 다양한 분야를 고르게 읽기 좋고 자신의 관심이 어느 쪽에 쏠리는지를 파악해 진로를 생각해 보는 데도 도움이 될 수 있다.

독서를 통해 간접 경험이 많이 쌓이면 그중에서 직접 경험해 보고 싶은 것도 생기기 마련이다. 책 속의 지식이 책 밖으로 나와 '활동'으로 이어지는 것이다. 예를 들어 아이가 초등학교 1학년 때 교과서에 실린《자전거 타고 로켓 타고》라는 책을 읽었다. 로켓의 자동 원리가 궁금해서 공학적인 부분으로 지식을 확장해 나갈 수도 있고, 로켓을 타고 갈 수 있는 우주에 대한 호기심을 키워 갈 수도 있지 않겠는가. 더 나아가 로켓 발사 대회에 참가한다거나 천체망원경으로 별자리를 관측하는 활동 등으로 이어질 수도 있다.

비교과 영역 대비를 위해 두 번째로 추천하는 활동은 '해피타임'이다. '해피타임'은 필자가 이전부터 계속 강조하던 활동인데, 아이에게 잠자기 전 30분에서 한 시간 정도를 오롯이 자기가 하고 싶은 일을 마음껏 할 수 있는 시간으로 주자는 것이다. 일주일 단위로 계획을 짜서 요일별로 해피타임에 하고 싶은 일을 한 가지씩 정해서 즐긴다. 그리고 하루는 '해피데이'로 정해 학원을 가는 대신 한 가지를 집중적으로 파고들 수 있는 시간을 주자. 물론 이는 상대적으로 시간이 많은 초등 저학년 때까지 가능할 것이다. 초등 6학년까지 해피데이를 가질 수 있다면 필즈상 후보를 꿈꿔 봐도 되지 않을까.

여기서 중요한 것은 해피타임의 주제를 정할 때 아이의 선택을 존중하고 엄마의 의도를 개입시키지 말아야 한다는 것이다. '종이접기는 어때? 재미있을 것 같지 않아?'라든지 '루빅스 큐브 같은 거 해 보지 않을래? 집중력 키우는 데에도 좋다던데'처럼 은근슬쩍 유도하지 말자. 아이들이 자발적으로 선택해야 책임감도 생기고 흥미도 오래갈 수 있다.

물론 아이들 스스로 선택한 일이라고 해도 막상 해 보면 생각보다 재미가 없어서 금방 흥미를 잃을 수도 있다. 그렇다고 해도 해피타임의 주제를 너무 쉽게 바꾸지는 말아야 한다. 한번 선택한 일은 적어도 석 달 정도는 꾸준히 하는 것이 좋다. 그래야 지겹고 하기 싫은 일도 견디고 해낼 수 있는 힘이 길러진다. 이것은 앞서 New 학생부종합 전형을 설명할 때 포기하는 과목이 있어서는 안 된다고 이야기한 것과 같은 맥락이다. '태도'의 문제라는 것이다.

엄마의 역할은 아이의 선택에 영향을 주는 것이 아니라 아이가 선택한 주제에 대한 시야를 넓히거나 지식, 기술 등을 확장시킬 수 있도록 도움을 주는 것이다. 예를 들어 아이가 월요일의 해피타임 주제로 '로봇'을 정했다고 하자. 아이의 관심이 로봇이 나오는 애니메이션이나 로봇 장난감을 가지고 노는 데서 그치지 않도록 함께 로봇 박물관을 찾는다든가, 현실 세계의 로봇은 어디까지 개발되었는지 유튜브에서 동영상을 본다든가, 로봇과 관련된 대회를 찾아볼 수도 있을 것이다.

어떤 일이든 자주 들여다보고 오래 반복하다 보면 깊이가 쌓인다. 해피타임을 1년 동안 지속한 경우, 로봇이 월요일의 해피타임 주제였다면 적어도 52번은 로봇의 세계를 들여다본 셈이고 그만큼 로봇에 대한 지식이 쌓였을 것이다. 나머지 화요일, 수요일, 목요일, 금요일의 해피타임 주제에 대해서도 마찬가지다. 이런 식으로 다양한 분야에 대한 지식과 경험이 쌓이면 그게 바로 비교과 활동이 되는 것이다. 더 나아가서는 자신의 진로를 탐색하는 활동으로도 연결되지 않겠는가. '해피타임'에 대한 더 자세한 내용은 필자의 이전 저서 《초등 엄마 관계 특강》에서 찾을 수 있으니 필요하면 참고하자.

그런데 아이가 해피타임에 즐길 거리를 다양하게 떠올릴 수 있으려면 우선 아이의 세상이 그만큼 넓어야 한다. 앞서 이야기한 연계 독서도 큰 도움이 되겠지만 그런 간접적인 경험과 직접 보고 듣고 겪으며 자신의 세계를 넓혀 가는 것은 또 다른 영역이다. 이를 위해 전시회나 공연 관람 등의 예술적인 활동은 물론 다양한 체험 활동도 소홀히 하지 말자. 이는 해피타임을 더 풍성하게 만들어 주며, 그 자체로 비교과 활동임과 동시에 더 넓고 깊은 비교과 활동을 위한 바탕이 된다.

몇 가지 팁을 공유하자면 공연을 보러 갈 때는 가기 전에 예습을 하는 것이 관람에 도움이 된다. 음악회라면 공연자나 연주곡에 대한 기본적인 지식을, 뮤지컬이나 오페라, 발레 등의 공연은 간단한 줄거리를 파악하고 가도록 하자. 특히 발레 같은 경우는 손동작이나 몸동작에 의미가 담긴 경우가 많으므로 대략의 내용을 알고 있어야 이해하기 쉽다. 요즘은 해설이 있는 공연들도 많은데 아이가 어릴 때는 이런 공연들을 관람하는 것이 좋다.

무엇보다 공연을 보러 갈 때는 일정을 잘 조정하여 가장 좋은 컨디션으로 관람할 수 있게 하자. 집중해서 공연을 보는 것은 꽤나 에너지 소모가 큰 일이다. 그러므로 공연을 온전히 즐길 수 있으려면 컨디션이 좋아야 한다.

전시회에 갈 때는 관련 사이트에 들어가서 어떤 전시가 있는지 알아보는 단계부터 아이와 함께 하는 것이 좋다. 가고 싶은 전시를 함께 고르고, 전시 작품이나 작가에 대해서 미리 정보도 찾아보면서 전시회에 대한 흥미를 높이는 것이다.

도슨트의 안내를 받는 것도 좋은 방법이고, 그게 아니라면 이어폰을 챙겨 가자. 요즘은 핸드폰으로 QR코드를 찍어 설명을 들을 전시가 많기 때문이다. 인상적인 부분을 기록할 수 있도록 수첩과 펜을 챙겨 가는 것도 잊지 말자. 이때 펜은 목에 거는 것으로 준비하면 편하다. 관람이 끝난 후에는 숍에 들러 기념품을 하나쯤 사는 것도 나쁘지 않다. 나중에 보면서 추억할 수 있도록 말이다.

이 밖에도 다음에서 소개하는 인터넷 사이트를 참고하면 아이와 함께 할 수 있는 체험 활동을 찾는 데 도움이 될 것이다.

체험 활동 관련 사이트		
전국과학관길라잡이	smart.science.go.kr	과학관 찾기
e뮤지엄	emuseum.go.kr	박물관 소장품
한국박물관협회	museum.or.kr	박물관·미술관
알립콘	ilovecontest.com/misul	미술·디자인·만화·UCC
대한민국구석구석	korean.visitkorea.or.kr	전국 여행지·축제
서울문화포털	culture.seoul.go.kr	문화행사·문화정보
유스내비	youthnavi.net	서울시 아동·청소년 프로그램
서울특별시 공공서비스예약	yeyak.seoul.go.kr	체육시설·문화체험·교육강좌

각종 활동을 한 다음에는 이를 기록으로 남기는 것이 좋다. 그래야 기억에 오래 남고 나중에 활동의 증거자료로 활용할 수 있다. 체험의 종류에 따라 다양한 방법으로 기록할 수 있는데, 그중 하나는 블로그를 이용하는 것이다. 블로거가 되라는 것이 아니다. 블로그를 공개적으로 운영하기에는 시간과 노력이 너무 많이 드니 비공개 기능을 이용해 공연·전시·영화 관람 후기나 독서·여행 기록 등을 남기는 공간으로 활용하는 것이다. 블로그를 이용하면서 자연스럽게 디지털을 다루는 능력도 기를 수 있다.

체험 활동 후에는 활동 보고서를 만들어 남기는 것이 좋다. 세 장 정도의 사진을 첨부하고 그 아래에 이름과 나이, 날짜와 장소, 가게 된 이유, 배운 점, 느낀 점, 활동 후 바뀐 나의 생각과 행동 등을 간단하게 적으면 된다. 실험, 관찰 등의 탐구 활동 후에는 탐구 주제와 기간, 탐구 내용 및 방법, 결과, 느낀 점 등을 정리해 탐구 보고서로 정리해 두도록 하자.

여행 계획이 있다면 관련 내용을 스크랩북으로 남기는 것을 추천한다. 방법은 어렵지 않다. 여행하는 동안 그날그날의 생생한 느낌을 사진과 함께 SNS에 기록해 둔다. 사진은 여행을 추억하는 가장 좋은 방법이지만 너무 많이 찍는 것은 좋지 않다. 사진에 집착하다 보면 눈과 가슴으로 느낄 수 있는 여유가 줄어들기 때문이다. 여행에서 돌아온 후에는 SNS의 기록을 토대로 기억을 더듬어 여행 전체의 내용을 사진과 함께 정리한다. 인상 깊었던 일 위주로 기록해도 좋고, 일기 형식도 좋다. 이렇게 정리한 내용을 언제든 펼쳐 볼 수 있도록 파일에 보관하면 된다. 여행지에서 챙긴 안내 책자, 입장권 등도 함께 보관하면 좋다.

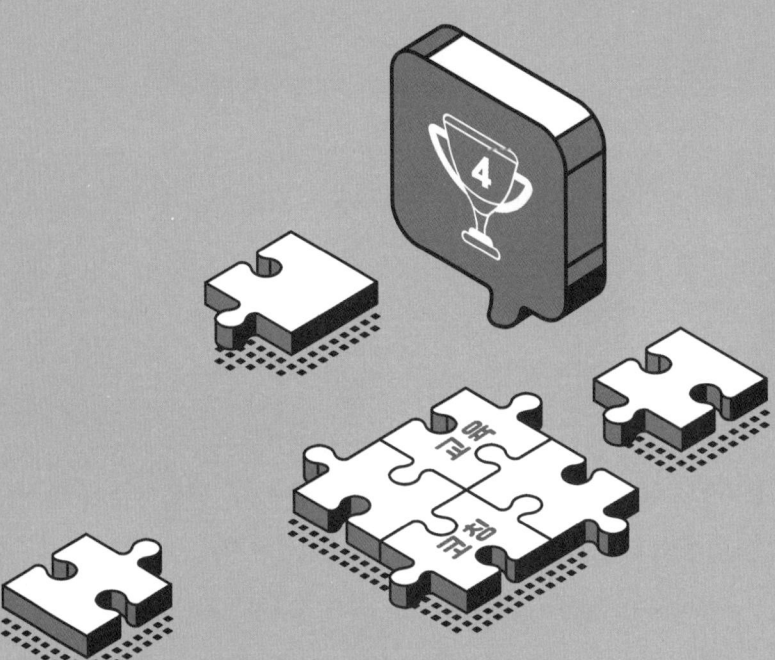

우리 아이
우등생 만드는
학 습 법

우등생 5:3:2 법칙

"우리 애는 머리가 나빠서 공부를 잘 못해요."

이런 걱정을 하는 엄마들이 더러 있다. 결론부터 말하자면 쓸데없는 걱정이다. 머리, 즉 지능은 생각보다 공부에 그렇게 절대적인 영향을 끼치지 않기 때문이다. 필자의 경험에 비추어 보았을 때 우등생이 되기 위해 필요한 것이 10이라고 한다면 그중 지능이 차지하는 비중은 5 정도다. 나머지는 학습 환경이 3, 아이의 기질이 2 정도의 영향을 미친다. 간단히 말해서 '우등생 5:3:2 법칙'이다. 그 이유를 한 가지씩 살펴보자.

영역	비중
지능	5
환경	3
기질	2

· **지능**

지능은 암기력, 정보의 처리 속도, 어휘력, 연산력, 공간 지각력, 논리력, 추리력 등등에 큰 영향을 미친다. 그러므로 지능이 높으면 학습에 유리한 것은 사실이다. 그러나 그것은 어디까지나 유리한 조건일 뿐 절대적인 조건은 아니다. 이를 뒷받침하는 유명한 이야기가 있다.

루이스 터먼은 사람들의 지능 지수에 매우 관심이 많았던 미국의 심리학자다. 그는 개인의 성공에 IQ만큼 중요한 것은 없다고 믿었다. 이 믿음을 바탕으로 1921년 대규모 프로젝트를 진행했는데, 미국의 초중생 25만 명을 대상으로 실시한 지능 검사에서 IQ140이 넘는 영재 1,500명을 선발해 그들의 인생을 추적·기록한 것이다.

결과는 어땠을까. 뜻밖에도 수많은 영재들 중 이른바 '성공'했다고 볼 수 있는 사람은 극소수에 불과했다. 대부분은 평범한 직업을 갖고 사는 것으로 조사되었던 것이다. 반면 영재로 선발되지 않았던 사람들 중에서는 노벨 물리학상 수상자가 두 명이나 나왔다. 이에 터먼은 '아이큐와 성취도 사이에는 상관관계가 없다'는 결론을 내릴 수밖에 없었다.

지능 지수의 평균값은 100이다. 대체로 85~115 사이에 속하면 평균적인 범위에 있다고 본다. 일단 정상 범위에 드는 지능은 되어야 공부에 지장이 없다는 점에서 우등생이 되기 위한 절반의 조건이 지능인 것은 맞다. 하지만 지능이 정상인 이상 머리가 나빠서 공부를 못한다는 소리는 그저 핑계에 불과하다. 학교에서 실시하는 공교육은 영재나 천재 같은 특출난 아이들이 아니라 평범한 아이들에게 기준이 맞춰져 있기 때문이다. 즉 IQ85 이상이면 학교 공부를 하는 데 아무 지장이 없다는 뜻이다. 수능도 마찬가지다. 평균적인 지능을 가진 평범한 수험생을 대상으로 하는 시험이므로 일반 학교를 다닐 수 있을 정도의 지능을 가진 아이라면 응시하는 데 문제가 없다.

머리가 나빠서 공부를 못한다는 소리만큼이나 무의미한 것이 머리는 좋은데 공부를 안 한다는 소리다. 구슬이 서 말이라도 꿰어야 보배라고 하지 않던가. 성적이 좋지 않다는 것은 결국 충분한 노력을 하지 않았거나 노력의 방향이 잘못되었다는 뜻이다. 그러니 아이의 성적이 제대로 나오지 않는다면 지능을 핑계로 좌절할 것이 아니라 제대로 노력하게 만들거나 아니면 그 노력을 무력하게 만드는 원인을 찾아야 한다.

• **환경**

학습과 관련된 환경이라고 하면 아이의 학습 능률을 올리는 공부방 인테리어 같은 것을 떠올리는 엄마들이 많을 것이다. 가구의 배치라든지 벽지의 색깔이라든지. 그러나 학습 환경은 그런 물리적인 요소뿐만 아니라 교육비 지원 같은 경제적인 문제, 롤 모델 제공 같은 정서적인 자극까지도 포함된다. 환경의 층위도 가정부터 학교, 학군, 지역사회에 이르기까지 여러 겹이다. 그중에서도 가장 기본이 되고 중요한 것을 한 가지만 꼽으라면 단연 가정 환경이다.

필자는 항상 화목한 가정에서 인재가 난다고 강조한다. 공부의 기본은 집중력이고 그 집중력은 안정감을 바탕으로 발휘되기 때문이다. 그런데 가장 편안한 공간이어야 할 가정에서 큰소리가 난다거나 집안 분위기가 살얼음판 같다면 아이가 어떻게 공부에 집중할 수 있겠는가. 아이들의 감정은 어른들보다 훨씬 예민하기 때문에 이런 환경의 영향도 더 크게 받는다. 그래서 어른으로부터 보호받고 있다는 느낌에서 오는 정서적 안정과 편안함이야말로 우등생이 되기 위한 필수 조건이라고 할 수 있다.

그 안정감 위에 더해져야 하는 것이 양질의 자극이다. 우리의 두뇌는 정체되어 있는 것이 아니다. 다양한 자극을 받고 그에 반응하는 과정이 쌓이면서 다채롭게 발전한다. 이와 관련한 의미 있는 연구가 있어서 소개한다.

1974년 서울에서 태어난 쌍둥이 A와 B는 두 살 때 뜻하지 않은 사고로 생이별을 한 채 각각 한국과 미국에서 자랐다. 두 사람은 2020년이 되어서야 서로의 존재를 확인했다. 가슴 아픈 이야기지만 덕분에 과학자들은 일란성 쌍둥이가 서로 다른 환경에 놓였을 때를 비교할 수 있는 기회를 얻었다. A가 비교적 화목한 가정에서 자란 반면 B는 상대적으로 엄격하고 종교적이면서도 가족 갈등이 심한 환경에서 자랐던 것이다. 일반적으로 일란성 쌍둥이의 IQ는 보통 7 이상 차이가 나지 않는다고 한다. 그런데 이들 쌍둥이는 매우 이례적으로 차이가 16이나 났다.

이는 환경에 따라 지능이 어떻게 달라질 수 있는지를 잘 보여 준 예라고 할 수 있다.

그래서 필자는 유아기의 아이들이 세 가지만 좋아하면 충분히 우등생이 될 수 있다고 본다. 바로 집, 엄마, 책이다. 화목한 가정 안에서 엄마의 사랑을 받으며 책 읽는 것을 즐기는 아이라면 필요한 것은 다 갖춘 셈이다. 엄마가 올바른 방향으로 잘 이끌어 주기만 한다면 우등생이 되지 못할 이유가 없다.

- **기질**

똑같은 부모가 똑같은 환경에서 똑같은 지원을 해 주며 키워도 아이들은 절대 똑같은 모습으로 자라지 않는다. 타고난 기질이 서로 다르기 때문이다. 그래서 이 기질을 이해하기 위해 다양한 검사들을 한다. 성격 유형을 16가지로 구분하는 MBTI 검사가 대표적이다. 이외에도 인터넷에서 찾아보면 간단하게 할 수 있는 여러 가지 기질 검사가 있으니 한번 해 보는 것도 괜찮다. 단 너무 맹신하지는 말아야 한다.

대부분의 기질 검사는 질문에 스스로 답하는 셀프 진단이다. 그런데 사람들은 보통 자신의 나쁜 면을 드러내고 싶어 하지 않는다. 자기 자신에게조차도 말이다. 게다가 스스로가 생각하는 자신과 남들이 보고 느낀 자신의 모습이 완전히 다를 수도 있다. 자기 객관화가 안 될 가능성도 배제할 수 없다는 뜻이다. 이런 이유로 셀프 진단의 결과는 완전히 신뢰하기가 어렵다. 게다가 뜻밖의 요인으로 인해 왜곡된 결과가 나오는 경우도 종종 있다. 분명 문과형 기질을 가진 아이인데 어릴 때부터 수학교육을 많이 받은 탓에 이과형이라는 진단을 받는 경우처럼 말이다.

그래서 검사에만 너무 의존하지 말고 엄마가 직접 관찰해 아이의 기질을 파악할 필요가 있다. 엄마가 아이를 이해할 때 가장 중요한 것은 속도다. 예를 들어 엄마는 생각과 동시에 움직이는 스타일인데 아이는 먼저 생각부터 하고 천천히 움직이는 스타일이라고 가정해 보자. 엄마는 아이에게 무슨 일을 시켰을 때 아이가 말이 떨어지자마자 곧바로 움직이길 기대할 것이다. 그런데 아이는 생각을 정리하느라 한참을 가만히 있는 것이다. 그러면 십중팔구 이런 상황이 벌어진다.

"아니 왜 아직도 그러고 있어?"
"이제 할 거야."
"뭐? 이제? 말한 지가 언젠데!"
"막 하려던 참이라니까……."

아이는 아이대로 뭘 시작하기도 전에 야단부터 들어서 주눅이 들고 엄마는 엄마대로 속이 터질 것이다. 서로 속도가 다르면 이와 같은 일은 수시로 일어날 것이다.

속도에 장단은 있지만 옳고 그름은 없다. 행동이 재빠르면 일단은 시원시원해 보이겠지만 서두르다 놓치는 것이 많을 수도 있다. 느리다고 갑갑하게만 생각할 것도 아닌 것이 그만큼 아이가 꼼꼼하고 세심하다는 뜻일 수도 있다. 어쨌거나 중요한 것은 타고난 기질은 쉽게 바뀌지 않는다는 사실이다. 아이의 속도는 엄마가 마음에 들지 않는다고 바꿀 수 있는 게 아니라는 뜻이다. 그렇다면 엄마가 할 수 있는 일은 아이의 속도를 이해하고 그에 맞는 대처법을 찾는 것이다.

필자는 이전에 쓴 《엄마주도학습》에서 아이들의 성향을 활동형, 산만형, 규칙형, 탐구형으로 나누고 각각의 특성에 맞는 대처법을 이야기한 바 있다. 필요하면 참고로 삼아 보아도 좋겠다.

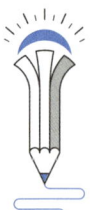

유아 학습법 : 10가지 법칙

유아 시기는 엄마의 내공이 정말로 필요한 때다. 온갖 사교육의 유혹 사이에서 팔랑귀가 되지 않도록 중심을 단단히 잡아야 하기 때문이다. 그러기 위해서 유아맘들은 우선순위를 분명히 해야 한다. 이 시기의 아이에게 가장 중요한 것은 신체적으로는 '성장과 발육'이다. 그리고 정서적으로는 엄마와 많은 시간을 함께 보내며 '추억과 신뢰'를 쌓는 것이다. 이 두 가지를 염두에 두고 유아기에 해야 할 일들을 생각해 보자.

- **첫째, 아이의 자존감을 높여 주자**

유아 시기는 자존감이 가장 높을 때다. 비교 대상이 없기 때문이다. 작은 행동 하나에도 잘한다, 잘한다 소리를 들으며 가족들로부터 사랑을 듬뿍 받는 시기이기 때문에 자신감이 넘친다.

그러다 어린이집이나 유치원 같은 곳에 가서 다른 아이들을 만나게 되면 낯선 경험을 하게 된다. 나보다 젓가락질 잘하는 아이가 있고, 나보다 달리기가 빠른 아이도 있고, 나보다 한글을 잘 쓰는 아이도 있고……. 내가 최고였던 세상에 균열이 생기는 것이다.

이럴 때 아이의 자존감을 지켜 주는 것이 중요하다. 무조건 네가 최고라고 치켜세우라는 것이 아니다. 아이가 자신의 부족한 모습을 발견하고 의기소침해지면 그 부족한 부분을 채울 수 있도록 기회를 주고 용기를 북돋아 주라는 것이다. 그리고 그 노력의 과정과 성과를 칭찬해야 한다. 젓가락질을 잘하는 나, 달리기가 빠른 나보다 노력해서 결실을 얻은 나에게 뿌듯함을 느끼고 그런 자신을 좋아하도록 해야 한다는 것이다. 자존감은 남과 비교해서 얻어지는 것이 아니라 스스로를 가치 있는 사람이라고 생각할 때 생기는 마음이기 때문이다. 그래서 높았던 자존감이 다른 아이들을 만나 어우러지는 과정에서 왜곡되거나 꺾이지 않도록 올바른 방향으로 피드백 하는 것이 중요하다.

• 둘째, 가족 간의 대화를 통해 소통 능력을 키우자

서로 다른 영역 간의 협력이 점점 더 중요해지고 있는 시대에 인재가 되기 위해 요구되는 능력은 결국 소통이다. 소통 능력의 부재는 곧 협력의 실패로 이어지기 때문이다. 소통이 시작되는 곳은 바로 가족이다. 그래서 가족 간의 대화가 중요하다.

가장 기본이 되는 소통의 도구는 말이고, 말은 많이 해야지 실력이 는다. 그러니 소통 능력을 키우기 위해서는 가족들이 아이와 자주 대화하며 아이에게 자신의 생각을 표현할 수 있는 기회를 많이 주는 것이 좋다. 그리고 가족들의 이야기를 들으며 상대를 이해할 수 있는 능력도 길러야 한다.

단 조심해야 할 것이 있다. 익숙한 사이에서는 서로를 잘 알기 때문에 "엄마, 물!"처럼 많은 것을 생략한 채 필요한 단어 몇 개만으로 소통이 가능하다. 하지만 다양한 상황에서 다양한 사람들과 오해 없이 원활한 소통을 하기 위해서는 구성을 제대로 갖춘 문장을 사용해야 한다. 이를 위해서 집에서도 가급적이면 "엄마, 저 목말라요. 물 좀 주세요."처럼 바른 문장으로 말하는 습관을 길러 주는 것이 좋다.

- **셋째, 기관 활동을 통해 사회성과 인성을 키우자**

아이가 다섯 살 정도 되면 가급적 어린이집이나 유치원 등의 기관에 보내 사회생활을 시작하게 하자. 엄마표 교육에 자신이 있다면 조금 더 늦추어도 상관없지만 특별한 이유가 없다면 이제 슬슬 전문교육을 받은 사람에게 아이를 맡길 때가 되었다. 대체로 이 시기쯤이면 아이들도 또래와 어울리고 싶어 하니 아이의 사회성과 인성을 기르기 위해서라도 단체생활을 경험하게 하는 것이 좋다.

- **넷째, 다양한 활동(자극)을 통해 두뇌를 계발하자**

대부분의 동물들은 어미의 배 속에서 뇌가 거의 완성된 채로 태어나지만 인간의 아기는 성인의 25%밖에 되지 않는 뇌를 가지고 태어난다. 즉 인간의 뇌는 타고나는 것보다 태어난 후 겪게 되는 환경의 영향을 훨씬 크게 받는다는 뜻이다.

현재 과학자들은 영유아 시기에 두뇌 계발이 가장 활발하게 이루어지고 사춘기가 시작될 무렵이면 어느 정도 마무리되는 것으로 보고 있다. 물론 그 뒤로도 변화가 없는 것은 아니지만 이전만큼 큰 변화는 어렵다는 것이다.

그래서 영유아 시기에는 두뇌를 계발할 수 있는 자극을 많이 경험하는 것이 중요하다. 인간의 뇌는 경험과 감각을 통해 성장하기 때문이다. 그러므로 이 시기에는 오감의 자극을 고루 경험하게 해 주는 것이 좋다. 단순하고 반복적인 놀이 대신 종이접기나 칠교놀이, 사고력 수학, 블록 쌓기처럼 스스로 생각하고 궁리할 수 있는 놀이를 활용하는 것이 도움이 된다.

- **다섯째, 예체능 활동을 통해 체력과 체격을 키우자**

체력이 모든 일의 바탕이 되는 에너지라는 것을 모르는 엄마는 없다. 그런데 너무 공부에만 신경을 쓰다 보면 체력을 키울 수 있는 체육 활동은 상대적으로 소홀하기 쉽다. 축구, 농구, 야구 같은 구기종목들을 통해 팀플레이를 경험하는 것도 좋고 균형 잡힌 체격 형성까지 고려한다면 수영이나 발레 등의 전신운동도 추천한다.

예술교육은 아이를 매력저인 사람으로 키우기 위한 필수 요소다. 성인이 된 이후 다른 사람들과 대화를 할 때 마지막으로 도달하게 될 주제가 무엇일까. 결국 예술이다. 다양한 예술적 경험과 지식을 바탕으로 자연스럽게 대화를 이끄는 사람이 되기 위해서는 어릴 때부터 예술과 친숙해질 필요가 있다.

함께 전시나 공연을 관람하며 예술적 감성을 키워 주거나 직접 미술, 음악 관련 교육을 받게 하는 것도 물론 좋지만 꼭 그렇게 돈을 들여야만 예술교육을 할 수 있는 것은 아니다. 아이랑 같이 집에서 보는 영화 한 편, 함께 듣는 음악 한 곡도 훌륭한 예술적 체험이자 교육이 될 수 있다.

- **여섯째, 엉덩이 힘을 키우자**

필자가 공부하는 습관을 위해 항상 강조하는 것이 바로 '엉덩이 힘'이다. 성적은 바로 이 엉덩이 힘에서부터 나오기 때문이다. 초등학교 1학년의 수업 시간은 40분이다. 40분 동안 차분하게 의자에 엉덩이를 붙이고 앉아서 수업에 집중할 수 있다면 그것만으로 이미 우등생이다.

5세가 되면 슬슬 책상에 앉아 있는 연습을 시작하자. 하루 30분은 책상에 앉아 공부하기로 엄마와 약속하는 것이다. 약속을 잘 지키면 아낌없는 칭찬으로 해냈다는 뿌듯함을 느끼게 해 주자. 성취감을 느껴 본 아이와 그렇지 않은 아이는 약속을 지키려는 의지가 다르다. 그러니 아이에게 일종의 '행복한 의무감'을 지워 주자는 것이다.

하지만 시작부터 너무 빡빡하게 갈 필요는 없다. 꼭 공부가 아니어도 좋으니 아이가 좋아하는 것을 하면서 30분 동안 앉아 있게만 하자. 30분 동안 한 가지에 집중하기가 힘들다면 10분은 책을 읽고, 10분은 종이접기를 하고, 10분은 퍼즐을 맞추는 식으로 시간을 쪼개서 활용하는 것도 방법이다. 중요한 것은 일단 엉덩이를 붙이고 제자리에 앉아 있는 습관을 들이는 것이니까.

처음에는 엄마가 옆에 앉아 함께 있는 것이 좋다. 아이가 하는 일에 관심을 가지고 반응을 보이면서 칭찬으로 격려해 주는 것도 중요하다. 우리 아들은 다양한 모양의 스티커를 준비했다가 한 가지를 끝낼 때마다 칭찬의 의미로 붙여 주었더니 너무 좋아했다. 이렇게 칭찬을 표현하는 간단한 소품이나 도구를 이용해도 좋다.

어느 정도 적응이 되면 엄마가 곁에서 지켜보지 않아도 아이가 혼자서 몰두하는 순간이 온다. 이런 식으로 6세에는 35분, 7세에는 40분으로 시간을 늘리며 엉덩이 힘을 기르자. 공부는 결국 집중력 싸움이다.

• 일곱째, 학습에는 순서가 있다

유아맘들은 대부분 국어보다 영어나 수학 공부에 관심이 더 많다. 아이가 새롭게 발을 들여놓아야 하는 영역이기 때문이다. 상대적으로 익숙한 국어는 쉽게 생각하고 신경을 덜 쓰는 편이다. 하지만 마지막에 가서 실력의 차이를 좌우하는 것은 국어다. 영어도 국어 실력이 뒷받침되지 않으면 늘기 어렵고, 수학도 심화로 가면 결국 독해력이 관건이기 때문이다. 게다가 국어는 단시간에 실력을 향상시키는 게 가장 어려운 과목이다. 그래서 제일 먼저 기초를 닦아 두어야 하는 공부는 사실 국어다.

유아의 국어 공부에 가장 큰 영향을 미치는 것은 엄마의 언어 습관이다. 아이가 누구를 보고 배우겠는가. 엄마의 언어가 단정하지 못한데 아이가 혼자서 반듯한 언어 습관을 키울 수는 없는 일이다. 그러니 엄마가 먼저 정확한 문장으로 바르게 말하는 모범을 보여야 한다. 특히 말을 줄여 쓰는 습관은 아이가 단어의 뜻을 파악하는 데 방해가 되므로 고치는 것이 좋다.

그다음 순서는 영어다. 영어는 학습이기 이전에 언어이기 때문에 말을 익히는 시기에 자연스럽게 접하는 것이 좋다. 수학은 교과 수학보다 사고력 수학을 먼저 접하는 게 좋다. 7세부터 쉬운 교재로 사고력 수학을 시작하면 수학 과목 자체에 흥미를 갖게 되고 두뇌 계발에도 도움이 될 것이다. 수학 교과 선행학습은 초등 중학년부터 시작해도 괜찮다.

• 여덟째, 사회와 과학은 체험 활동 위주로 경험하게 하자

사회는 말 그대로 우리가 살고 있는 사회를 공부하는 학문이다. 그러니 직접 우리 주변에 있는 다양한 환경들을 경험하는 것이 가장 좋은 공부다. 예를 들어 우리 동네 소방서, 경찰서, 행정복지센터 같은 관공서나 각종 시설들을 함께 돌아보며 하는 일을 직접 알아보는 것이다. 우리 지역의 미술관이나 박물관 등을 방문해서 둘러보는 것도 추천한다. 과학도 이론보다는 직접 실험을 하거나 만들어 보는 등의 체험을 위주로 공부하는 것이 좋다.

- **아홉째, 7세가 되면 초등학교 입학 준비를 시작하자**

대한민국에서 아이 키우는 엄마들이 가장 불안을 느낄 때가 아마 아이가 초등학교 입학을 앞둔 7세 무렵일 것이다. 품에서 곱게 키운 아이를 밖으로 내보내 평가를 받을 때가 다가오고 있기 때문이다. 너무 겁내지 말고 아이가 학교에 잘 적응할 수 있도록 준비시키는 데만 집중하자.

한글은 6세 때 읽기를 시작하고 7세 때 어느 정도 쓸 수 있는 수준까지 익히는 게 좋다. 너무 깊이 시킬 필요는 없고 학교에서 알림장을 쓸 수 있는 정도면 충분하다. 연산은 두 자릿수까지 시켜 두는 게 편하다. 그리고 또 필요한 것이 미술교육이다. 미술 학원을 보내야 하는 건 아니고 간단한 도구 사용법 정도만 익히면 된다. 가위질이나 풀칠하는 방법, 선 긋기 등을 미리 연습해 두자. 미술 시간에 의외로 이런 것들 때문에 당황하는 아이들이 많다.

무엇보다 가장 중요한 준비는 아이가 학교생활에 대한 기대를 갖게 하는 것이다. 학교를 재미있는 곳, 가고 싶은 곳으로 생각하게 해야 한다. 그래야 두려움 없이 즐거운 마음으로 입학을 기다릴 수 있다.

- **열째, 하루 30분 해피타임을 갖자**

앞서 비교과를 대비하는 과정에서 설명한 '해피타임'을 시작해 보자. 처음에는 30분 정도로 시작하는 것이 좋다. 유아기 아이들은 똥, 방귀 같은 일차원적인 주제에 집착하거나 액체 괴물 같은 단순한 감각적 놀이를 좋아할 수도 있다. 그래도 괜찮다. 발달 단계상 자연스러운 일이기도 하고, 해피타임은 순수하게 아이가 즐기는 시간이니까 아이의 선택을 존중해 주자. 해피타임은 요일별로 주제를 정해 매주 반복 학습하는 것이다. 즉 월요일에 종이접기를 하기로 했으면 적어도 석 달 이상은 종이접기를 다양하게 해 보는 것이다. 이는 아이 스스로 어떤 것을 좋아하고 잘하는지 파악하게 하고, 차후 전공이나 직업과도 연결될 것이다. 꾸준히 하다 보면 행복을 넘어 전문직까지 이어질 수 있다.

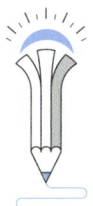

초등저 학습법 : 10가지 법칙

초등 저학년은 학교라는 새로운 세계에서 사회생활을 본격적으로 경험하게 되는 시기다. 자기중심적 사고에서 벗어나 타인과의 관계 속에서 사회성을 발달시켜야 하는 때인 것이다. 이런 변화에 아이가 잘 적응할 수 있도록 세심하게 훈육할 필요가 있다. 그리고 학교에 다니기 시작했다고 해서 갑자기 공부에 부담을 줄 필요는 없다. 대신 공부하는 습관이 바르게 자리 잡힐 수 있도록 신경을 써야 한다. 이 시기에 집중해야할 일들은 다음과 같다.

• **첫째, 부모 형제와의 친밀한 관계를 통해 가정에서 행복을 느껴야 한다**
이 시기에 아이는 부모로부터 존중받고 형제와 친밀한 관계를 이루며 내가 우리 집의 중요한 구성원이라는 자신감을 바탕으로 건강한 자아를 형성해야 한다. 한마디로 아이가 행복해야 한다는 것이다. 행복은 아이뿐만 아니라 우리 모두가 바라는 궁극의 목표이기도 하다. 그런데 그게 학습과 관계가 있을까? 확신히 관계가 있다.

　어린 시절에 육체적 혹은 정신적인 학대에 노출된 아이들은 학업 성취도가 떨어지는 경향이 있다고 한다. 스트레스 호르몬인 코르티솔의 분비가 과해 뇌가 위축되기 때문이다. 반면 긍정적인 생각을 하게 만들어서 행복 호르몬이라고 불리는 세로토닌의 분비는 저하된다. 그래서 우울증, 불안장애, 외상후스트레스장애(PTSD) 등을 겪을 위험이 크게 증가한다는 것이다.

　아동학대라는 극단적 상황이 아니라고 하더라도 가정 안에서 안정과 행복을 느끼지 못하면 아이가 심리적으로 얼마나 불안정하겠는가. 그런 상황에서 학습에 의욕을 느끼기 어려운 것은 당연하다. 그러니 아이가 마음 놓고 공부에 집중하기를 바란다면 안정적이고 행복한 환경을 만들어 주는 것이 먼저다. 그래서 우등생 5:3:2 법칙에서도 '환경'을 언급한 것이다.

　형제 관계도 행복한 환경을 만드는 데 중요한 부분이다. 형제는 기본적으로 부모의 사랑을 두고 다투는 경쟁 관계이기 때문이다. 엄마를 중심으로 형제가 등거리에 있으면 좋을 텐데 현실에서는 어려운 문제다.

외동으로 사랑을 듬뿍 받고 자라던 맏이는 동생이 태어나면서부터 사랑을 빼앗겼다는 생각이 들고, 뒤늦게 태어난 동생은 자기보다 키도 크고 힘도 세고 집안에서 안정적인 지위를 차지하고 있는 형이 부러울 수 있다.

아이들이 공부를 하는 시기에는 경쟁심이 더욱 커진다. 혹여 동생이 형보다 공부를 잘하거나 눈치가 빨라 부모의 뜻에 반하는 행동을 하지 않는다면 형은 맏이의 자리가 그리 견고하지 않다고 느낄 것이다. 이때 부모의 태도가 참으로 중요하다. 형은 형대로 칭찬해 주고, 동생은 동생대로 칭찬해 주어야 한다. 훈육에서도 마찬가지이다. 잘못된 행동을 교정하는 의미로 훈육을 해야지 너는 형이니까 참아라, 너는 동생이니까 형 말을 들어라 등의 요구를 하면 안 된다. 그것보다는 집안의 규칙을 세우고 누구라도 잘못하면 고칠 수 있는 기회를 주어야 한다. 대부분의 아이들은 본인이 생각하기에 타당하다고 판단되면 잘못을 인정한다. 그러나 부모의 편애 때문에 부당하게 야단을 맞는다고 생각하면 마음속에 불만이 쌓일 것이다. 공정은 아이들 키울 때 가장 필요한 덕목이다.

• 둘째, 학교 다니는 것이 즐겁고 배움이 기뻐야 한다

아침마다 학교 가기 싫다고 떼를 쓰는 아이가 학교생활을 잘하기는 어렵다. 학교가 싫으면 학교와 관련된 모든 것이 싫어지기 때문이다. 그러니 일단 아이에게 학교가 즐거운 곳이어야 한다. 친구와 놀고 싶어서든, 선생님한테 칭찬을 받고 싶어서든 이유가 무엇이든 좋다. 그래야 가고 싶은 마음이 들고 잘하고 싶은 마음이 생길 테니까.

아이들의 생각은 엄마의 말과 행동에 큰 영향을 받는다. 그러니 아이가 학교를 좋아하려면 엄마가 먼저 학교에 대해 좋은 말들을 들려주어야 한다.

"학교가 진짜 멋있다. 운동장도 넓고 놀이 기구도 많네."
"친구들이 너무 재밌더라. 내일 학교 가면 그 친구들 또 만나겠네?"
"선생님께서 정말 좋은 분이다. 그런 선생님을 만나서 참 다행이야."

이런 이야기를 통해 자신이 다니는 학교를 멋있는 곳, 재밌는 곳, 좋은 곳으로 인식하고 자부심이 생기면 그곳에서 인정받고 싶은 마음도 저절로 생기지 않겠는가. 그렇게 되면 수업에 대한 집중력도 걱정할 필요가 없다. 아이 스스로 의욕적으로 수업에 임할 테니까. 그러면 그 수업에서 배우는 것들은 또 얼마나 재미가 있겠는가.

- **셋째, 인정과 칭찬 같은 긍정적인 피드백이 필요하다**

"이번에 시험 잘 보면 핸드폰 바꿔 줄게."
우리는 흔히 이런 물질적인 보상으로 아이들의 환심을 사거나 동기

부여를 하려고 한다. 하지만 이게 올바른 보상일까.

물질적 보상은 반복될수록 효용감이 떨어지기 마련이다. 이번에 아이가 약속대로 시험을 잘 봐서 핸드폰을 선물로 주었다고 하자. 그럼 다음번에는 또 무엇을 보상으로 내걸 것인가. 핸드폰보다 못한 선물은 성에 차지 않을 테고 그보다 고가의 선물은 부담스러울 것이다. 설령 경제적 여유가 있어서 매번 새로운 선물을 할 수 있다고 한들 아이가 새 물건을 가질 때마다 새로이 기뻐할까? 아니, 오히려 점점 기쁨이 무뎌질 것이다.

아이들에게 정말로 필요하고 가장 좋은 보상은 말, 바로 '칭찬'이다. 칭찬은 듣는 사람의 자신감을 높이고, 그 칭찬에 부응하고 싶은 의욕을 만든다. 이를 증명한 가장 유명한 예가 바로 미국의 심리학자 로버트 로젠탈이 진행한 실험이다.

로젠탈은 한 초등학교에서 지능 검사를 실시한 뒤 상위 20%의 아이들을 선발했다. 그리고 그 명단을 교사들에게 주며 성적 향상이 크게 기대되는 아이들이라고 말했다. 하지만 실제로는 무작위로 선발된 평범한 아이들이었다. 그런데 몇 달 후 다시 검사를 했을 때 놀랍게도 명단 속 아이들의 성적은 정말로 크게 향상되어 있었다. 교사들이 우수한 학생이라 믿고 기대와 칭찬으로 아이들을 대하자 아이들도 그 기대에 맞추어 최선을 다했던 것이다. 이를 '로젠탈 효과'라고 한다.

이처럼 칭찬은 물질적 보상으로 얻을 수 있는 일시적인 만족감 그 이상을 줄 수 있다. 그런데 칭찬에도 요령이 필요하다. 아이들의 성향을 파악하고 그에 따라 적절한 대응을 해 주는 것도 요령이지만 그보다 더 중요한 것은 진정성 있는 칭찬이다. 누가 봐도 예쁜 여배우에게 "너무 예뻐요!"라는 칭찬은 누구나 할 수 있다. 하지만 "그 영화 속에 나온 편지 직접 쓰신 거라면서요? 어쩜 글씨도 그리 예쁘세요?" 이런 칭찬은 그 배우가 나온 영화를 보고 그와 관련된 정보도 귀담아들은 사람만 할 수 있다. 어떤 칭찬이 듣는 사람의 마음에 남겠는가.

그래서 칭찬은 너의 어떤 모습, 어떤 점이 좋았다고 구체적으로 하는 것이 좋다. 예를 들어 아이가 현관 신발 정리를 도와주었다면 그냥 "고마워"라고 하기보다 "○○가 신발 정리를 해서 현관이 깔끔해졌네. 고마워."라고 칭찬의 이유를 명확하게 밝히는 것이 더 확실한 보상이 된다는 것이다.

- **넷째, 영어→수학의 순서로 공부하자**

공부는 여러 과목을 한꺼번에 하는 것보다 한 학기에 한 과목씩 집중 투자를 하는 게 효율적이다. 초등 저학년 시기에는 다른 과목들보다 영어를 메인으로 하는 게 좋다. 이 시기에 어떻게 공부하느냐에 따라 나중에 가장 실력 차이가 많이 나는 과목이 영어이기 때문이다. 그래서 실제로 대치동 아이들은 저학년 때 영어 공부를 많이 한다.

그러나 아직까지는 영어를 '학습'의 대상으로 보기보다는 '언어'로 자연스럽게 익히는 시기이기 때문에 무리할 필요는 없다. 읽기 레벨 같은 것에 집착하지 않아도 된다는 뜻이다. 대신 아이가 좋아하는 책을 골라서 읽게 하고 그 내용에 대해 이야기를 나누거나 써 보게 하는 정도면 충분하다.

영어 유치원을 나오고 영어를 잘하는 아이라도 갑자기 영어 공부를 끊지 말고 주 1~2회 정도는 꾸준히 공부하며 감각을 유지하는 것이 좋다. 학원을 다닌다면 영어 숙제는 엄마가 꼭 봐주도록 하자. 듣기, 말하기, 읽기, 쓰기 등 네 영역을 고루 경험하며 언어적으로 영어에 대한 감각을 익혀 두면 고학년에서 영어 성적을 만들어 내는 것이 훨씬 수월하다.

수학의 경우 1~2학년 때까지는 사고력을 위주로 하는 것이 좋다. 선행도 무리하게 할 필요가 없다. 자기 학년 공부만 해도 충분하지만 그래도 불안하다면 6개월 정도만 선행을 하자. 그래도 괜찮다. 영어와 수학 학습법은 뒤이어 나오는 '2부 김희덕 선생님의 탄탄 영어 전략'과 '3부 윤기은 선생님의 탄탄 수학 전략'에서 더욱 자세히 다루고 있다.

• **다섯째, 우리말 실력을 업그레이드하자**

초등 저학년 시기에는 다양한 독서를 통해 아이의 관심사를 확대하는 것이 좋다. 그리고 이를 통해 우리말 실력도 키워야 한다. 단순히 우리말을 읽고 쓰는 데 문제가 없다고 해서 국어를 잘하는 것은 아니다.

우리가 일상적으로 사용하는 언어와 교과로 배우는 언어는 다르기 때문이다. 시험에는 일상언어보다 더 어려운 어휘가 사용되고 더 복잡한 문장이 나온다. 그러니 일상생활용 초급 한국어에서 시험용 고급 한국어로 전환해야 한다는 것이다.

이때 꼭 필요한 것이 한자 공부다. 한자어는 우리말의 70%를 차지하고 있다. 교과서 속 주요 개념을 설명하는 단어도 거의 다 한자어다. 이런 어휘를 그저 텍스트로 받아들이느냐 담긴 한자어의 뜻까지 파악할 수 있느냐는 실력에 큰 차이를 만든다. 한자 급수를 따는 방법 말고도 한자 학습지나 아이들이 좋아하는 〈마법 천자문〉 같은 책을 이용하면 도움이 될 것이다.

• 여섯째, 교구 수업, 사고력 수학 수업을 통해 두뇌를 계발한다

요즘의 수학은 공식 암기와 문제 풀이 중심이던 과거와 다르다. 스스로 새로운 풀이 방법을 발견하거나 탐구할 수 있는 능력이 중요해졌다. 즉, 사고력이 필요하다는 것이다. 상위권이 되기 위해서는 반드시 심화 수학을 해야 하는데 이 심화 수학의 핵심이 바로 사고력이다. 이에 대비해서 교구 수업이나 사고력 수학을 통해 두뇌를 계발하고 수학적인 사고력을 키우는 것이 이 시기에 해야 할 일이다.

교과서에 사용되는 교구들은 동네 문방구나 인터넷에서 손쉽게 구할 수 있는데 가격도 그다지 부담스럽지 않은 편이다. 대여섯 종만 갖추어 두면 5~6학년 시기까지 유용하게 사용할 수 있으니 구입해서 엄마표 교구 수업을 준비해 보자.

교구와 사고력 수학에 대한 설명은 '3부 윤기은 선생님의 탄탄 수학 전략'에서 좀 더 상세하게 등장할 것이다.

• 일곱째, 자기 전 30분~1시간은 해피타임으로 만든다

유아 때 매일 30분으로 시작한 해피타임에 익숙해졌다면 이제 시간을 1시간으로 늘리자. 물론 이는 아이에 따라 다를 수 있다. 잠들기 전 시간이 여유가 있다면 1시간으로 하고, 상황이 여의치 않다면 30분 정도를 유지해도 괜찮다. 해피타임을 하루도 빠짐없이 할 필요는 없고, 월요일부터 금요일까지 혹은 토요일까지 꾸준히 하면 된다.

• 여덟째, 일주일에 하루는 사교육 없이 본인이 하고 싶은 것을 해야 한다

일주일에 하루는 '해피데이'로 정해 사교육 없이 온전히 자신이 하고 싶은 것으로 하루를 보낼 수 있게 해 주자. 해피타임으로 짧게 즐겼던 것들 중에서 더 관심이 가는 것을 골라 더 깊이 있게 즐길 수 있는 시간을 주는 것이다.

예를 들어 우주에 관심을 가지는 아이라면 해피데이에 우주에 관한 책이나 영화, 관련 유튜브를 보고 싶어 할 것이다. 아니면 엄마와 함께 천문대나 우주 관련 박물관, 전시회, 체험관 같은 곳에 다녀오고 싶을 수도 있다. 상황이 허락하는 한 최대한 지원해 주자. 이런 활동들이 쌓여 비교과 역량이 되고 미래의 전공, 나아가서는 직업과 관련된 활동이 되는 것이다.

• 아홉째, 일요일 오전은 아무 일정 없이 푹 재워야 한다

아이들이 성장기라는 것을 잊지 말자. 일요일 오전에는 일주일간 쌓인 긴장을 완전히 풀 수 있도록 푹 재우는 것이 좋다. 그래야 키도 쑥쑥 자라고 정신도 건강해진다. 공부를 할 수 있는 활력도 새로이 얻을 수 있다. 아이들은 원래 청개구리라 주중에는 그렇게 깨워도 안 일어나다가 일요일에는 좀 쉬고 싶은 엄마 마음도 모르고 일찍부터 일어나 밥을 보챌 수도 있다. 그러면 또 어떤가. 어떤 방식이든 일요일 오전에는 자신이 원하는 대로 보낼 수 있는 자유를 주자. 자유 자체가 휴식이다.

• 열째, 초등 저학년의 주요 스포츠는 줄넘기, 수영, 축구다

줄넘기는 간단한 도구로 언제 어디서나 쉽게 할 수 있는 운동이다. 심장과 폐가 튼튼해지고 균형 있는 신체 발달에 도움을 주기 때문에 초등학교에서 매우 중요하게 생각하는 활동이기도 하다. 그래서 체육 시간뿐만 아니라 아침 활동 시간에도 줄넘기를 시키는 학교가 많다. 급수 인증제를 실시하는 학교도 있기 때문에 미리 시켜 두면 좋다.

앞서 아이들의 체형을 잡아 주는 운동으로 수영이 좋다는 이야기를 했는데, 2020년부터는 초등학교에서도 전 학년을 대상으로 수영 교육을 실시하고 있다. 일반적인 수영이 아니라 위급 시에 생명을 구하기 위한 생존 수영을 가르치는 것이다. 안전과 관계된 만큼 제대로 익힐 수 있도록 신경을 쓰도록 하자.

축구는 클럽 활동이 활성화되어 주말 체육으로 익히는 경우가 많다. 운동으로서의 의미도 있지만 새로운 친구를 사귀고 교류하는 경험으로서도 의미가 있으므로 아이가 관심이 있으면 시켜 보길 추천한다.

2부

영어

김희덕 선생님의
탄탄 영어 전략

ENGLISH

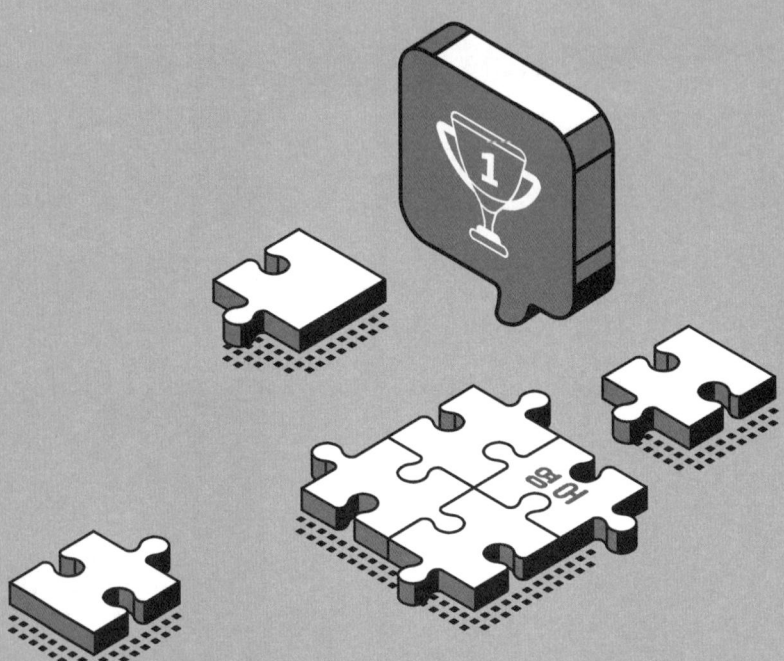

유   아
영어 로드맵

우리 집은 영어 유치원

영어 유치원, 꼭 다녀야 할까요?

뉴스에 의하면 2022년 6월 말을 기준으로 전국에 이른바 '영어 유치원'으로 불리는 유아 대상 영어 학원이 700여 곳에 이른다고 합니다. 그중 절반 이상은 한 달 학원비가 1백만 원을 넘는다고 하지요. 이런 현실 속에서 4~7세 자녀를 둔 부모들은 생각이 많아질 수밖에 없습니다. 그도 그럴 것이 부담되는 게 만만찮은 비용만이 아니니까요.

'너무 어릴 때부터 공부로 스트레스를 주는 게 아닐까?'
'영어는 중학교 가기 전에 끝내야 한다던데, 그러려면 미리 시작하는 게 맞는 것 같고…….'

그렇다면 영어 유치원은 다녀야 할까요, 말아야 할까요? 이십 년이 넘게 영어 학원을 운영하면서 영어 유치원을 다닌 아이들과 그렇지 않은 아이들을 보아 온 입장에서 말씀드리자면, 저의 결론은 '안 다녀도 된다'입니다. 왜냐하면 엄마표 영어로도 충분히 영어 유치원 아니 그 이상의 효과를 낼 수 있기 때문입니다.

이를 위해서는 먼저 유명 영어 유치원에서 어떤 것을 가르치는지부터 알아야겠지요. 영어 유치원은 홈페이지에 커리큘럼을 공개하고 있는 경우가 많은데 대부분 다음과 같은 내용입니다. 이는 영미권의 아이들이 실제로 받고 있는 교육과정과도 거의 비슷합니다.

		영어 유치원 교육과정
5세	학습 목표	음가, 기초 파닉스와 사이트 워드 습득
	학습 내용	글밥이 많지 않은 픽처북·스토리북 읽기, 가벼운 쓰기 위주의 학습
6세	학습 목표	본격적인 읽기와 완전한 문장 쓰기
	학습 내용	파닉스, 사이트 워드를 바탕으로 스토리북 읽기 위주의 학습
7세	학습 목표	미국 초등 교과서 시작, 자신의 생각을 표현하는 글쓰기
	학습 내용	문법적 요소가 더해진 읽기, 읽은 내용에 대한 질문을 통해 독해력 증강시키기, 주제에 적절한 글쓰기

5세부터 예를 들었지만 영어 유치원은 4세 반부터 운영하는 곳도 많

습니다. 하지만 4세 반은 일반 어린이집과 비교했을 때 영어 관련 교구가 좀 더 많다는 것 외에는 큰 차이가 있다고 보기 어렵습니다. 영어 관련 수업을 진행하기는 하지만 학령기에 크게 못 미치는 시기이므로 아주 간단한 것 외에는 할 수 있는 것이 많지 않습니다.

5세 반의 경우도 마찬가지입니다. 물론 4세 반에 비해서는 조금 더 다양한 학습을 진행할 수 있지만, 문제는 아이들의 개월 수가 너무 다양하다는 것입니다. 이 시기의 아이들은 성장 속도가 매우 빨라서 같은 나이라도 개월 수에 따라 학습 역량에 큰 차이를 보입니다. 예를 들어 같은 5세여도 11, 12월에 태어난 아이들은 1, 2월에 태어난 아이들을 따라가기 버거운 경우가 많지요. 그래서 5세 반은 수업의 첫 6개월 정도는 이런 차이를 맞추는 데 흘러갑니다. 수업 내용도 본격적인 학습보다는 대부분 흥미 위주이기 때문에 학습 성과도 눈에 띄지 않는 편입니다.

6세 반 정도는 되어야 비로소 학습할 준비가 갖추어지지요. 그래서 꼭 영어 유치원을 선택하고 싶다면 6세부터 보내기를 권하고 싶습니다. 그러나 나이가 되었다고 아무 준비도 없이 보내면 안 됩니다. 적어도 수업 시간 동안 한자리에 앉아서 집중할 수 있어야 학습 성과를 기대할 수 있습니다. 그런데 영어 유치원을 보내고 나면 엄마의 역할은 끝인 걸까요? 그렇지 않습니다.

"영어 유치원이 정말 효과가 있는 건가요? 보니까 동네에서 영어를 제일 잘하는 아이가 영어 유치원을 나온 건 맞는데, 글쎄 영어를 제일 못하는 아이도 영어 유치원을 나왔다고 하더라고요."

이런 차이가 생기는 이유는 영어 유치원의 수업이 기본적으로 엄마의 서포트를 전제로 하고 있기 때문입니다. 즉 영어 유치원만 보낸다고 해서 무조건 아이의 영어 실력이 좋아지는 것은 아니라는 거지요. 아이가 수업 내용을 잘 따라가고 있는지 살피고 숙제를 챙기는 등 엄마가 노력을 기울여야 제대로 된 성과를 볼 수 있습니다.

이러한 상황이라면 아이의 영어 실력 향상이 오롯이 영어 유치원 덕분이라고 할 수 있을까요? 엄마의 노력이 영어 유치원의 역할보다 덜 중요하다고 할 수 있을까요? 이렇게 둘 사이의 경계가 모호할 바에는 영어 유치원에 큰돈을 쓰는 대신 엄마가 조금 더 노력해서 우리 집을 엄마표 영어 유치원으로 만드는 것이 여러모로 효율적이지 않을까요? 게다가 엄마표 영어 유치원에는 일반 영어 유치원이 절대 따라올 수 없는 커다란 장점이 있는데 말입니다.

영어 유치원은 보통 연령별로 아이들을 교육합니다. 하지만 아이의 학습 능력은 개인차가 있지요. 개월 수가 비슷하더라도 인지 발달이 비숫하게 이루어지지는 않으니까요. 상대적으로 느린 아이도 있고 빠른 아이도 있기 마련입니다. 보통 한두 명의 선생님이 10~15명 정도의 아이들을 가르치는 영어 유치원에서는 현실적으로 개개인의 발달 차이를 감안하며 수업하기 어렵습니다. 하지만 '엄마'는 가능하지요. 내 아이의 인지 발달 상황을 확인하며 그에 맞춤한 방법으로 지도할 수 있다는 것은 엄마표 학습의 가장 큰 장점입니다.

무엇보다 아무리 훌륭한 전문 강사라 할지라도 엄마만큼 아이에게 애정을 쏟을 수는 없습니다. 그래서 유아 시기에는 전문 강사의 지도보다 엄마의 애정 어린 지도가 훨씬 강력한 학습 효과를 발휘할 수 있습니다. 또 한정되어 있는 영어 유치원의 수업 시간과 달리 엄마는 필요한 시간을 아이에게 얼마든지 내어 줄 수 있다는 것도 크나큰 장점입니다.

이런 사실들을 종합해 보면 엄마표 영어로도 얼마든지 유명 영어 유치원 못지않은 성과를 이룰 수 있다는 결론이 나오지요. 지나친 학습 스트레스를 받지 않도록 흥미 있게, 중학교에 가서는 다른 과목에 좀 더 집중할 수 있도록 미리미리 가르칠 수 있습니다. 물론 지금까지 말씀드린 장점은 엄마가 제대로 된 목표와 계획을 가지고 성실하게 실행했을 때 얻을 수 있는 것들입니다. 그러니 다음 내용을 참고해서 엄마표 영어 유치원의 운영 계획을 짜 보는 건 어떨까요.

엄마표 영어 유치원, 이렇게 운영해 보세요

엄마들이 영어교육과 관련해서 가장 많이 하는 질문 중 하나가 바로 '언제' 시작하면 좋은지에 대한 것입니다.

"그래도 뭘 좀 제대로 배우려면 7, 8세는 되어야 하지 않을까요?"
"너무 어릴 때부터 영어를 가르치는 건 무리가 아닐까요?"

이런 걱정은 영어를 '학습'으로만 접근하기 때문에 드는 생각입니다. 영어는 학습해야 하는 교과목이기 이전에 '언어'입니다. 그러니 모국어를 익힐 때처럼 자주 듣고 보면서 익숙해지는 것은 언제 시작해도 상관없습니다. 특히 영유아기에는 학습에 대한 기대를 낮추고 아이가 자연스럽게 영어와 친해지도록 배려해 주는 것이 바람직하지요.

지금부터는 엄마표 영어 유치원의 입학부터 1~3년 차까지 운영 방법을 알려 드리겠습니다. 4~7세로 표시해 놓은 나이는 참고용입니다. 실제 적용할 때는 내 아이의 인지 발달 상황에 맞추어 주세요. 그래야 더욱 효과적인 운영이 가능해집니다.

입학 준비 (4세)	
목표	글자 인식
추천 활동	하루 한 글자 익히기 - 소금 위에 글자 쓰기 - 글자 모양대로 자르기 (소근육 발달) - 색칠하고 붙이기 - 글자 블록 찾기 - 벽에 글자 붙이기 (Alphabet Wall) - 자석 패드 쓰기 - 알파벳 노래하기
추천 교재	- Handwriting Without Tears: My First School Book - Skill Sharpeners Spell & Write, Kindergarten - Scholastic Success with Alphabet Workbook

4세 정도가 되면 글자의 이름과 소리를 알고 따라 하는 '따라 하기' 단계를 시작할 수 있습니다. 글자를 인식하는 시기라고 할 수 있지요. 아직 연필을 쥐고 글씨를 쓸 만큼 소근육이 발달하지 않았기 때문에 소근육을 발달시키는 활동과 놀이처럼 자연스럽게 알파벳과 친숙해지면 됩니다.

	1년 차 (5세)
목표	낭독과 의미 인식의 시작
추천 활동	- 글자의 모양과 크기까지 확인하며 정확하게 쓰기 - 쓰기 연습장에 등장하는 쉬운 어휘들 눈으로 익히기 - 꾸준히 낭독하기 - 파닉스에 기초한 한 글자 테스트 시작
추천 교재	- Learn English with Dora the Explorer 1~3 (Oxford University Press) - Doodle Town - Brain Quest: Pre-K - Handwriting Without Tears: Kick Start Kindergarten

5세 무렵에는 기억의 용량이 증가하고 간단한 단어를 베껴 쓸 수 있을 정도로 신체 능력도 발달하므로 본격적인 쓰기를 시작할 수 있습니다. 이제 단순히 글자를 인식하는 단계를 넘어 글자에 담긴 의미까지 이해하며 제대로 글자를 익혀야 하는 시기인 만큼 올바른 교재의 도움을 받는 것이 중요합니다.

또 읽기를 준비하기 위해 읽기의 뼈대가 되는 사이트 워드도 익히기 시작해야 합니다. 사이트 워드는 눈으로 익혀 두는 쉬운 어휘들을 뜻하는데, 이에 대한 자세한 설명은 '어휘력을 점프하는 다양한 방법'(140쪽)에서 하겠습니다.

한 글자 테스트는 단어의 첫 글자 또는 마지막 글자를 빈칸으로 만들어 채우게 하는 쪽지 시험입니다. 학습한 발음을 제대로 활용할 수 있는지 확인하기 위한 테스트지요. 간단하고 쉬운 단어로 시작하면 됩니다.

2년 차 (6세)	
목표	읽기와 독해의 시작
추천 활동	- 파닉스와 사이트 워드에 집중 - 플래시 카드 - 한 글자 퀴즈
추천 교재	- Dolphin Readers Series (Oxford University Press) - MY Book about ME (Dr. Seuss) - Brain Quest: Grade 1 - Handwriting Without Tears: My Print Book - Oxford Reading Tree(ORT) Stage 1~4

6세는 공부 습관과 인성의 틀이 형성되는 시기이자 옳고 그름, 원인과 결과의 관계를 이해하기 시작하는 나이입니다. 그리고 영어 읽기를 시작해야 할 나이이기도 하지요.

본격적인 영어 읽기를 시작하기에 앞서 아이에게 다음의 세 가지를 물어보세요. 첫째, 1에서 20까지 영단어를 보고 읽을 수 있는지 확인하는 겁니다. 중간에 숫자를 섞어서도 읽게 해 보세요.

둘째, 자신의 풀 네임을 영어로 쓸 수 있는지 확인하세요. 우리는 성 뒤에 이름을, 영어는 이름 뒤에 성을 쓰는 방식으로 이름을 쓰는 순서가 서로 다릅니다. 이 차이를 이해하고 있는지 확인하는 것이지요.

셋째, 색연필을 활용한 평가 방법도 있습니다. 필기한 단어와 사용한 색깔을 달리하는 것이지요. red를 레드(빨강)로 읽고 쓸 수 있는지 보세요. red라는 단어를 실제로 읽을 수 있는지, 색만 보고 단어를 말하는 건지 알아보려는 것입니다. 보라색으로 Brown, 파란색으로 Yellow를 쓰고 읽혀 볼 수도 있겠지요. 모든 질문에 대답을 잘하면 영어 읽기를 시작할 준비가 되었다고 볼 수 있습니다.

문장 읽기에서 조금 더 나아가 '책 읽기'를 위해서는 추가로 확인이 필요합니다. 다음의 두 조건을 만족시켜야 하지요.

- 파닉스 자음과 모음을 모두 끝낸 아이
- 사이트 워드 100 수준의 어휘를 읽을 수 있는 아이

그리고 '본격적인 책 읽기'를 위해서는 아래 요소에 대한 학습이 이루어져야 합니다.

- 명사와 동사
- 형용사
- 시제
- 단수와 복수

영어책 읽기야말로 엄마표 영어의 진가가 드러나는 활동이라고 할 수 있습니다. 그러나 너무 서두르지는 마세요. 실력은 천천히 늘어도 괜

찮습니다. 무엇보다 책을 꾸준히 읽는 것이 중요합니다. 8살까지는 가능하면 부모가 함께 책을 읽는 것이 실력 향상뿐만 아니라 인성 발달에도 좋습니다.

3년 차 (7세)	
목표	폭넓은 읽기, 영어 일기와 에세이 쓰기
추천 활동	- 종이와 단어 학습 앱을 활용한 단어 시험 - 그림 없는 플래시 카드 (영어 1~2년 차에는 나이에 관계없이 그림 있는 플래시 카드를 추천) - 일일 문제집 (하루에 2~4쪽) - 한 줄 쓰기
추천 교재	- Journeys Grade 1.1~1.6 (Reader's Note 필수!) - Brain Quest: Grade 1~2 - Handwriting Without Tears: Printing Power - Handwriting Without Tears: Building Writers - Oxford Reading Tree(ORT) Stage 5 이상 - Insight Link

7세는 엄마표 영어의 결실을 맺는 시기라고 할 수 있습니다. 이제부터는 자신의 생각을 영어로 표현하는 '한 줄 쓰기'를 할 수 있습니다. 한 줄 쓰기는 영유아 영어교육의 백미로 꼽을 수 있습니다. 일기와 독후감 등 에세이 쓰기로 활동을 확대해 나가며 영어 실력을 종합적으로 키울 수 있습니다.

마지막으로 엄마표 영어 유치원의 핵심 공부법을 정리하면 다음과 같습니다. 세 가지 테스트를 주기적으로 진행하며 아이의 실력 향상을 눈으로 확인해 보세요.

Speech Test	Voca Quiz	Writing
30초부터 시작해서 3분을 목표로 스피치 연습을 합니다. 능숙해지면 소품을 활용하여 말하는 연습을 해도 좋습니다.	한 글자 테스트부터 시작해서 파닉스형 두세 글자, 접두사·접미사 순서로 테스트의 난이도를 점차 높입니다.	한 줄 쓰기부터 시작해서 조금씩 문장을 늘려 갑니다. 100~150 단어로 구성된 에세이를 작성하는 아이로 성장할 수 있습니다.

알파벳 지도는 이렇게

시작은 그리기부터

4세 정도에 알파벳 학습을 시작하면 보통 다음과 같은 4단계를 거쳐 글자를 익히게 됩니다. 처음에는 글자를 눈으로 보고 읽을 수만 있다가, 따라서 그릴 수도 있게 되고, 대문자와 소문자를 구분하여 쓰게 된 다음, 마지막으로 어떤 글자가 어떤 소리를 나타내는지 연결할 수 있게 되는 것입니다. 이 과정을 이해하고 아이에게 알파벳을 지도하는 것이 좋습니다.

알파벳 학습의 첫 단계는 '이름'을 아는 것입니다. 한글 ㄱ의 이름이 기역이라는 것을 알려 주듯이 알파벳 A의 이름이 에이라는 것을 가르쳐 주세요. 두 번째로는 알파벳이 나타내는 '소리'를 알려 주어야 합니다. A는 ㅐ, B는 ㅂ 소리가 난다는 식으로 각 글자들의 음가를 가르치는 것이지요. 그리고 마지막 단계는 바로 '쓰기'입니다.

쓰기를 처음 시작할 때는 글씨를 '쓴다'는 개념보다 '그린다'는 개념으로 접근하는 것이 좋습니다. 글자를 그림처럼 여기고 비슷하게 따라서 그리며 자연스럽게 익숙해지는 것이지요. 알파벳 순서에 상관없이 다양한 색깔, 다양한 방법으로 알파벳을 그려 보게 하세요. 단, 대문자와 소문자의 구분은 알려 주는 것이 좋습니다.

글자를 '그리는' 방법들	
소금 위에 그리기	일명 '소금 쓰기'. 네모난 상자에 소금을 담고 그 위에 글자의 모양을 따라 그려 보는 방법
자석 패드에 쓰기	자석 패드에 글자 모양 따라 써 보기. 글자 쓰는 순서 지도에 효과적인 방법
글자 모양 색칠하기	글자의 모양을 원하는 색깔로 칠한 후, 가위로 잘라 잘 보이는 곳에 붙여 두기

이 시기의 아이들은 아직 소근육이 충분히 발달하지 않아 글자를 예쁘게 쓰기가 힘듭니다. 사실 선 하나 반듯하게 긋기도 힘들지요. 하지만 아이들도 글자를 잘 쓰고 싶어 합니다. 아무래도 글씨를 예쁘게 쓰면 자랑스럽고 뿌듯하겠지요. 소금 쓰기 상자나 자석 패드 같은 교구는 이럴

때에도 도움이 됩니다. 아이들 스스로 모서리를 이용해 직선을 반듯하게 그어 볼 수 있으니까요. 글자의 중요 포인트에 점을 찍어 그 점들을 연결하며 글자를 쓸 수 있도록 가이드를 해 주는 방법도 있습니다.

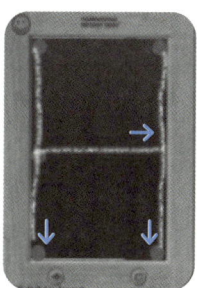

틀과 필기구를 사용하여 H 쓰기

처음부터 너무 욕심을 낼 필요는 없습니다. 알파벳은 26글자이니 하루 한 글자만 배워도 한 달이면 충분히 배울 수 있습니다. 탁상 달력 등에 날짜별로 알파벳을 한 글자씩 적어서 아이가 자주 볼 수 있는 곳에 두세요. 그리고 매일 그날에 해당하는 알파벳을 공부하는 것이지요. 이렇게 하면 앞으로 무엇을 배우게 될지 미리 알려 주는 동시에 자주 접하며 저절로 예습이 되는 효과도 있습니다. 우리말과 글을 배울 때 주변에서 많이 듣고 보는 것이 도움이 되듯이 영어도 주변에서 자주 접하는 것이 가장 자연스러운 학습법입니다.

Sunday	Monday	Tuesday	Wednesday	Thursday	Friday	Saturday
4	5	6	7	8	9	10
	Aa	Bb	Cc	Dd	Ee	Ff
11	12	13	14	15	16	17
Gg	Hh	Ii	Jj	Kk	Ll	Mm
18	19	20	21	22	23	24
Nn	Oo	Pp	Qq	Rr	Ss	Tt
25	26	27	28	29	30	31
Uu	Vv	Ww	Xx	Yy	Zz	

알파벳 공부 달력

알파벳, 순서대로 가르쳐야 할까요?

알파벳을 처음부터 순서대로 가르치는 것은 별로 효율적이지 않습니다. A와 B를 생각해 보세요. 닮은 점이 하나도 없습니다. C와 D도 마찬가지로 모양이 별로 비슷하지 않습니다. 그래서 하나하나를 따로 익히려면 힘들지요. 하지만 모양이 비슷한 글자들끼리 모아서 쓰는 법을 알려 주면 연상 작용을 통해 훨씬 쉽게 기억할 수 있습니다. 이렇게 먼저 글자들을 다 익힌 다음 알파벳 송 같은 노래들을 통해서 순서를 외는 것이 좋습니다. 그럼 어떤 글자들을 어떤 기준으로 묶는 게 좋을까요?

• 아래에서 위로

첫 번째는 아래로 내려갔다 위에서 다시 시작하는 형태의 그룹입니다. 'F, E, D, P, B, R, N, M'이 이 그룹에 속합니다. 쓰는 방법과 함께 아이들이 잘 기억할 수 있도록 각 알파벳들의 특징을 함께 설명해 주면 더 좋겠지요. F에서 아래에 한 줄만 더하면 E가 된다는 식으로요. 배가 통통하게 부른 D, 이 배부른 D에 아래로 줄을 그으면 P, 배가 볼록볼록 두 번 부르면 B, B가 다리를 벌리면 R, N이 2개 겹쳐서 붙으면 M처럼 서로 연관성을 지어서 이야기해 주면 좋습니다.

F E D P B R N M

• 끝에서 끝으로

두 번째는 알파벳의 가로 너비를 생각했을 때 한쪽 끝에서 다른 쪽 끝으로 움직이는 형태의 그룹입니다. 'H, K, L, U, V, W, X, Y, Z'가 이 모양에 해당합니다. L이 둥글게 말려 올라가면 U, 뾰족하게 올라가면 V, 두 번 올라가면 W가 되지요.

H K L U V W X Y Z

• **가운데에서**

세 번째는 중앙에서 시작하는 그룹입니다. 'C, O, Q, G, S, A, I, T, J' 가 이 그룹에 해당합니다. C의 오른쪽을 막으면 O가 되고, O에 꼬리를 달면 Q가 되지요.

C O Q G S A I T J

대소문자만 다 쓸 줄 알면 알파벳 공부는 끝?

알파벳은 대문자를 익힐 때 소문자도 짝을 지어 함께 익히는 것이 좋습니다. 그럼 대문자와 소문자를 모두 읽고 쓸 줄 알면 이제 알파벳 학습은 끝난 걸까요? 그렇지 않습니다. 알파벳 쓰기 연습은 최소 3~4년 정도는 계속해서 해야 합니다. 대문자와 소문자를 확실하게 구분하는 데도 시간이 꽤 걸리고, b나 p, q, d처럼 서로 헷갈리는 글자들도 많으니까요. 그래서 순서대로 쓸 때는 잘 구분하다가 막상 실제 단어 속에서 무작위로 나열된 알파벳들을 대하면 실수하는 아이들이 많습니다. 그러니 펜맨쉽(penmanship) 교재 등을 이용해 쓰기 연습을 충분히 하는 것이 좋습니다.

게다가 요즘은 아이들이 주로 스마트폰이나 태블릿 같은 화면으로 영어 글자를 대하지요. 그래서 알파벳 쓰기용 줄노트에 글자를 어떻게 써야 하는지 잘 모르는 경우가 생깁니다. 화이트보드에 선생님들이 손으로 쓴 글씨에도 적응을 잘 못하고요. 그래서 쓰기가 중요합니다.

우리말이 그런 것처럼 영어도 띄어쓰기가 무척 중요합니다. 띄어쓰기를 잘해야 의미 전달이 제대로 되기 때문이지요. 저는 아이들에게 쓰기를 가르칠 때 단어와 단어 사이에 손가락 하나를 집어넣고 쓰는 연습을 시켰습니다. 띄어쓰기에 적응을 시킨 것이지요. 이런 방법으로 쓰기 연습을 시키면 나중에는 아이들이 손가락 없이도 단어와 단어 사이의 간격을 잘 조절하며 생각을 정확하게 표현할 수 있게 됩니다.

또 글에는 단어뿐만 아니라 쉼표나 마침표, 느낌표, 물음표 같은 여러 가지 문장 부호들이 사용됩니다. 글의 뜻을 효과적으로 표현하고 문장의 이해에 오해가 없도록 하기 위해서지요. 영어에는 특히 생략 또는 소유격을 나타내기 위해 우리말에는 없는 '아포스트로피(apostrophe, ')'라는 문장 부호가 있습니다. 이런 부호들은 자주 써 보면서 익히는 것이 최선입니다.

쓰기를 강조하는 것은 단순히 글자를 반듯하고 예쁘게 쓰도록 하기 위해서가 아닙니다. 올바른 크기, 올바른 띄어쓰기, 올바른 문장 부호 사용 등을 통해 의미를 정확하게 전달하는 글쓰기를 할 수 있게 하기 위해서라는 것을 다시 한번 강조합니다. 그러니 쓰기에 충분한 시간을 투자해야 합니다. 아이가 만 4세에 쓰기를 시작했다면 3년은 꽉꽉 채워 쓰기 연습을 시키는 게 좋습니다.

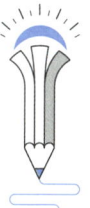

차근차근 완성하는 파닉스 6단계

파닉스(phonics)는 발음을 중심으로 하는 문자 교육법입니다. 즉 문자와 그 문자가 나타내는 소리 사이의 규칙을 통해 읽는 방법을 가르치는 것이지요. 파닉스의 중요성을 강조하는 사람들은 많지만 정작 파닉스가 왜 중요한지, 어떤 단계를 통해 어떻게 진행되는지 구체적으로 이야기하는 사람들은 많지 않습니다.

공부의 시작은 읽기입니다. 읽기가 가능해져야 공부를 시작할 수 있으니까요. 글자의 쓰임을 알아야 그 글자를 학습하고자 하는 동기도 생깁니다. 그래서 파닉스를 제대로 배우는 것이 중요합니다.

파닉스는 절대 단시간에 완성할 수 없습니다. 미국 교육과정에서도 파닉스는 초등학교 2학년까지 배우게 설계되어 있습니다. 우리나라 아이들도 한글을 오래 배웠어도 삯바느질, 섞박지, 훑다 같은 겹받침이 들어간 어려운 말들에서 실수를 하지요. 영어에도 우리의 겹받침처럼 쓰는 것과 읽는 것에 차이가 있어 헷갈리는 부분들이 있습니다. 그런 부분들까지 꼼꼼하게 학습하려면 시간이 걸리는 것이지요. 그러니 장기적인 계획을 세우고 실행에 옮겨야 합니다.

다음에서 소개하는 것은 완벽히 익히는 데 평균 2년이 걸리는 파닉스 학습 과정입니다. 그럼 각 단계별로 익혀야 하는 내용을 알아볼까요?

• 1단계, 입으로 내는 소리들을 인식하다

첫 번째는 아이가 소리 내는 방법을 깨닫는 단계입니다. 무의식적으로 소리를 내다가 차츰 자신이 원하는 소리를 내는 방법을 알아 가는 것이지요. 소리를 내기 위해서는 호흡 기관부터 발음 기관까지 신체의 여러 부위들이 움직여야 합니다. 처음부터 그것들을 섬세하게 조절하기는 어렵습니다. 그래서 영어를 모국어로 하는 아이들도 처음부터 'th' 같은 어려운 발음을 하지는 못합니다.

가장 쉽게 낼 수 있는 소리는 제일 눈에 잘 보이고 움직이기도 쉬운 발음 기관인 입술을 움직여서 내는 소리입니다. 이렇게 두 입술 사이에서 나는 소리가 바로 'b, m, p, w'입니다. 우리말로는 'ㅁ, ㅂ, ㅃ, ㅍ'가 여기에 해당하지요. 아이들이 'mama', 'papa' 같은 말을 가장 빨리 하게 되는 것도 이런 이유입니다. 이런 소리에서 차츰 h처럼 목구멍을 빠져 나오는 공기를 조절해야 하는 어려운 발음도 낼 수 있게 되는 것입니다.

파닉스에서 가장 중요한 것은 아이들이 소리를 낼 수 있는 기반을 갖추는 것입니다. 대개 우리말을 어느 정도 할 수 있는 3~4세 무렵이면 이런 기반이 충분히 갖추어졌다고 할 수 있습니다. 이때부터는 아이들이 두음 법칙이나 라임 맞추는 것들도 조금씩 이해하면서 말의 재미를 느끼기 시작하지요. 이럴 때 미국 작가 닥터 수스(Dr. Seuss)가 쓴 동화책 시리즈처럼 발음이 재미있고 따라 읽기 좋은 리듬감 있는 책들을 이용해 발음 연습에 도움을 받으면 좋습니다.

• 2단계, 자주 쓰는 소리들에 익숙해지다

영어에는 'S, A, T, P, N'이 특히 자주 쓰입니다. 그런 만큼 아이들도 반복해서 경험하게 되는 이 철자들에 상대적으로 빨리 익숙해지지요. 따라서 이 단계에서는 단어를 읽을 때 'S, A, T, P, N' 발음을 특히 강조하고 철자와 소리들의 연관성을 잘 알려 주면 파닉스를 보다 빨리 익힐 수 있습니다. S를 예로 들어 볼까요?

s → snake seven six sister

S가 들어간 이런 쉬운 글자들을 자주 접하다 보면 S로 시작하는 단어를 보았을 때 단어를 완벽하게 읽지는 못해도 적어도 어떤 소리로 단어를 시작해야 되는지 정도는 알게 됩니다. 이를 이용해 S로 운을 띄워 주거나 아이가 S를 발음했을 때 그다음 발음을 조금씩 알려 주는 식으로 천천히 읽기를 시작할 수 있습니다.

언제 시작했느냐에 따라 약간씩의 차이는 있겠지만 보통 파닉스를 시작하고 이 단계까지 정복하는 데 짧게는 2개월에서 길게는 8개월까지 걸립니다. 인지 능력이 덜 발달한 이른 시기에 시작하면 조금 더 긴 시간이 걸리겠지요.

- **3단계, 어려운 발음들을 이해하기 시작하다**

이제 입술과 이, 혀끝 등을 이용하여 내던 단순한 발음을 넘어 조금 더 복잡한 발음에 도전할 때입니다. 혀로 입천장을 쓸어 보면 앞쪽은 딱딱하고 뒤쪽에는 말랑말랑 부드러운 부분이 있습니다. 딱딱한 입천장을 '경구개'라고 하고 부드러운 입천장을 '연구개'라고 하는데, 'ch[tʃ]' 같은 거친 발음이 경구개 쪽에서 나고 '[z]' 같은 부드러운 발음이 연구개 쪽에서 나지요.

이전까지는 하나의 철자가 하나의 발음을 가지는 것만 다뤘지만 이 단계에서는 'ch[tʃ]'나 'ph[f]'처럼 2개 이상의 철자가 하나의 소리를 낼 수 있다는 것을 이해해야 합니다.

ch[tʃ] → children[tʃíldrən] church[tʃəːrtʃ]

ph[f] → phone[foun]

또 상대적으로 이해하기가 조금 힘든 불규칙적인 발음들도 익숙해져야 합니다. 예를 들어 i나 e는 같은 철자라도 단어에 따라 발음이 달라지지요.

i → igloo[íɡluː] I[ai] am a boy.

받아들이기가 쉽지 않은 이런 불규칙한 발음들은 플래시 카드를 이용하면 조금 더 효과적으로 학습할 수 있습니다.

• 4단계, 구조를 소화하기 시작하다

이전까지의 학습 과정을 통해 영어 단어들의 소리 조합이 어떻게 이루어지는지를 충분히 파악했다면 이제 4단계에 이르렀다고 할 수 있습니다. 지금부터는 자음, 모음, 자음이 연속적으로 이어지는 cvc 구조와 자음, 모음, 자음, 자음으로 이어지는 cvcc 구조의 단어들을 소화하기 시작해야 합니다.

cvc structure → bag car dog fun

cvcc structure → bump nest belt milk

'go'처럼 자음과 모음으로만 이루어진 단순한 단어들만 주로 대하다 이제 'smile'이나 'little'처럼 복잡한 단어들도 만나게 되는 것이지요. 이 때부터는 음절이 2개 이상인 단어들도 서서히 정복해 나가야 합니다.

• 5단계, 쓰기를 시작하다

이 단계까지 도달한 아이들은 제법 읽기를 시작했다고 볼 수 있습니다. 그러면 이제 읽는 만큼 쓸 수도 있어야 합니다. 물론 아직은 발음 나는 대로 쓰는 경우가 대부분이기 때문에 정확한 철자로 쓰는 것까지는 기대하기 힘듭니다. 'ph'처럼 2개의 철자가 하나로 발음되는 것까지 생각하며 쓰기가 쉽지 않기 때문이지요. 그래서 마치 우리말 받아쓰기를 할 때 겹받침이 있는 단어에서 실수를 많이 하듯 이런 단어의 철자를 자주 틀립니다.

닭 → 닥 (×)

phone → fon (×)

단어의 철자는 틀려도 우선은 발음을 얼추 비슷하게 쓸 수 있다는 데 의미가 있습니다. 정확도는 차츰차츰 개선해 나가야지요. 이 단계에서 또 하나 중요한 핵심은 이중 모음을 다루게 된다는 것입니다. 쓰기부터 이중 모음까지, 상당히 까다롭고 어려운 과정이지요. 그래서 이 단계는 통과하는 데 시간이 비교적 오래 걸리는 편입니다.

• 6단계, 단어를 반사적으로 읽어 내다

이제는 'ph'처럼 어려운 발음이나 복잡한 철자의 조합으로 이루어진 단어들도 반사적으로 읽어 낼 수 있는 단계입니다. 묵음의 존재를 알고, 단어에서 발음을 해야 하는 글자와 하지 말아야 하는 글자를 구분해 빠르게 읽을 수 있도록 연습해야 합니다.

```
p (발음 ×)  →  raspberry  psychology  receipt
h (발음 ×)  →  honest  hour  honor
k (발음 ×)  →  knight  knife  know
```

어느 정도 실력이 쌓이면 단어 읽기에만 머무르지 말고 문장 읽기로 나아가야지요. 사이트 워드를 이용해 문장을 자연스럽게 읽을 수 있도록 해야 합니다. 이때 정확한 발음도 중요하지만 강세를 올바르게 하는 것도 잊으면 안 됩니다. 영어로 의사 표현을 할 때 의외로 발음보다 강세가 더 중요한 역할을 하는 경우가 많습니다.

세계 여러 나라의 사람들이 유엔에서 연설을 하는 장면을 떠올려 보세요. 비영어권 사람들의 발음이 영어권 사람들과 확연히 차이가 나는 경우가 많지요. 하지만 강세만 정확하다면 대부분 알아듣는 데 큰 문제가 없습니다. 실제 영어권 사람들이 비영어권 사람들의 영어를 알아듣기 힘든 가장 큰 이유로 잘못된 강세를 첫손에 꼽는다는 것도 이와 같은 사실을 뒷받침하지요. 이렇게 파닉스 6단계를 거치고 나면 아이가 읽기 실력에 어느 정도 자신감이 생겼을 것입니다.

마지막으로, 아이에게 파닉스를 가르칠 때 참고하면 좋을 만한 영화의 한 장면을 추천하고 싶습니다. 1990년 아카데미에서 작품상을 수상한 〈드라이빙 미스 데이지(Driving Miss Daisy)〉입니다. 인종차별이 극심하던 1950년대의 미국을 배경으로 교사 출신의 백인 데이지 부인과 흑인 운전사 호크 사이에서 벌어지는 일들을 그린 영화지요.

어느 날 데이지 부인은 호크와 함께 남편의 묘를 돌보러 공동묘지에 갑니다. 그리고 호크에게 바우어 부인이 준 꽃바구니를 건네며 바우어 씨의 묘에 놓아 달라고 부탁하지요. 그런데 호크는 글자를 읽을 줄 몰라 바우어 씨의 묘를 찾을 수 없었습니다. 그때 데이지 부인이 호크에게 읽는 법을 가르쳐 주는 장면이 무척 인상적입니다.

"이름이 바우어야. ㅂ, ㅂ, ㅂ. 'ㅂ'가 어떤 글자의 소리 같아? (The

name is Baur. Buh, Buh, Buh. What does that 'Buh' letter sound like?)"

"비? (B?)"

"당연하지! (Of course!)"

"어, 어. 이건 끝소리야. 바우어. (Er, er. That's the last part. Bauer.)"

보통 파닉스를 가르칠 때 앞 글자를 맞히면 중간이나 뒤는 쉽게 알려 줘 버리는 경우가 많습니다. 앞 글자에만 치중하는 것이지요. 하지만 이렇게 데이지 부인처럼 앞과 뒤의 발음을 동시에 강조하면서 알려 주면 단어를 균형 있게 그리고 굉장히 빨리 익힐 수 있습니다.

예를 들어 'push'에서는 p뿐만 아니라 sh 발음도 배울 수 있고, 'book'에서는 b와 함께 k의 발음을 익힐 수 있지요. 이렇게 파닉스를 앞, 뒤로 알려 주기 시작하면 글자를 읽는 속도도 빨라지고 모르는 단어를 만났을 때 파닉스 지식을 이용해 읽어 내는 능력도 좋아집니다.

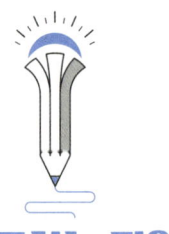

어휘력을 점프하는 다양한 방법

익숙하고 가까운 것들로부터 어휘 늘려 가기

아이들이 말문이 열릴 때 처음으로 하는 말은 보통 엄마 아니면 아빠입니다. 가장 가까이서 보는 익숙한 사람들이고 가장 자주 듣게 되는 말이니까요. 그리고 차츰 자신의 주변에서 많이 보는 것들, 자주 듣는 말들로 자신의 어휘를 채우게 되지요. 영어 어휘도 비슷한 과정으로 늘려 가는 것이 좋습니다.

아이들이 가장 빨리 배우는 영어 단어들

- 자신과 가족의 이름
- 사이트 워드 (this, that)
- 색깔과 숫자
- 동물과 음식
- smartphone (iphone, ipad)

· 읽기 속도를 높여 주는 사이트 워드

'사이트 워드(sight words)'는 일상 영어에서 쉽게 접하는 비교적 쉬운 영어 어휘들로, 파닉스 규칙에 집중하거나 의미를 따지려고 하기보다 통째로 암기해 두는 단어들을 가리킵니다. 단어를 정확하게 쓰거나 의미를 알지는 못해도 눈으로 읽을 수 있으면 된다는 뜻이지요.

보통 영어 단어들을 익힐 때 명사나 동사부터 접합니다. 하지만 제대로 된 문장에는 'the' 같은 정관사도 있고 'a'나 'an' 같은 부정관사도 있지요. 'this'나 'that', 'it' 같은 지시대명사가 쓰이기도 하고요. 이런 단어들은 완전한 문장 안에서만 의미를 알 수 있습니다. 하지만 아직은 이런 단어들의 문법적 쓰임이나 역할 같은 것을 공부할 때가 아닙니다. 그냥 말 그대로 '눈으로 보고(sight)' 읽을 수만 있으면 됩니다. 사이트 워드는 어떤 단어든 다 될 수 있지만 특히 이와 같은 단어들을 먼저 익혀 두는 것이 좋습니다. 사이트 워드는 따로 교재를 구입하지 않아도 인터넷에서 쉽게 찾을 수 있습니다. 가장 기본적인 사이트 워드부터 시작해 보시지요.

SIGHT WORDS

A	a, an, are, as, at, and, all, about, after
B	be, by, but, been
C	can, could, called
D	do, did, done, down, door
E	each
F	from, first, find, for
H	he, his, had, how, has, her, have, him
I	I, in, if, into, is, it, its
J	just
K	know, knife
L	like, long, little
M	my, may, many, more, most, make, made
N	not, no, now
O	on, one, our, over, of, other
P	people, purple, push, power
S	said, she, some, so, see
T	the, to, they, this, there, them, then, these, two, time, than, that, their
U	use, up
V	very
W	was, with, what, were, when, we, which, will, would, words, where, water, who, way
Y	you, your, yours

사이트 워드를 익혀 두면 읽기 속도가 빨라집니다. 특히 온전한 문장을 읽어 내는 데 큰 역할을 하지요. 단어만 읽을 수 있을 때와 문장을 읽을 수 있을 때 느껴지는 실력 차이는 큽니다. 아이들 스스로 그것을 체감하면 얼마나 뿌듯하겠습니까? 이런 성취감이 있어야 배우는 게 즐겁습니다.

· **플래시 카드는 이렇게**

보통은 플래시 카드를 무작위로 사용하는 경우가 많습니다. 하지만 보다 효율적인 학습을 위해서는 카드를 종류별로 나누어 활용하는 것이 좋습니다. 먼저 명사와 동사 카드부터 학습을 시작하세요. 명사와 동사를 알아야 문장을 만들 수 있고 언어적인 직관도 길러집니다. '누가 무엇을 했다'라는 표현을 하기 시작하니까요.

명사 카드를 학습할 때는 아이들이 스스로 관련 단어들을 찾아내 분류할 수 있도록 해 줘야 합니다. 예를 들어 '가족'에 대해서 배우기로 했다면 그와 관련된 'father', 'mother', 'sister', 'brother', 'cousin' 같은 단어들을 아이들이 스스로 명사 카드에서 골라내게 하는 것입니다. '과일'에 관해 배우기로 한 날이라면 'fruit', 'apple' 같은 단어들을 찾아낼 수 있겠지요.

이때 단수와 복수에 대한 개념도 함께 설명해 주세요. 일반적으로는 복수를 표현할 때 명사 뒤에 's'나 'es'를 붙여서 나타내지만 'man'의 복수형이 'men'인 것처럼 불규칙한 모양을 가진 명사들도 있지요. 아예 단어 모양 자체가 완전히 달라지거나 's'가 붙지 않는 단수형과 복수형의 모양이 같은 단어들도 있고요. 완벽하게 이해하긴 어렵더라도 영어가 이렇게 쓰인다는 규칙을 함께 다루어 주면 좋습니다.

동사를 배울 때 제일 중요한 것은 '현재'와 '과거'를 구분할 줄 알아야 한다는 것입니다. 미래 시제는 'will'이나 'going to' 등을 써서 비교적 규칙적으로 설명할 수 있습니다. 그러나 과거형의 경우 명사의 복수형과 마찬가지로 불규칙한 경우가 많지요. 그래서 현재형과 과거형의 모습을 함께 익히게 해 주는 것이 좋습니다. 단어 카드를 여러 개 펼쳐 놓고 현재형과 과거형을 찾아 연결하는 방법을 써 보세요. 이런 식으로 명사와 동사를 먼저 익힌 다음 형용사 등 다른 단어들의 공부를 시작하면 됩니다.

• 퀴즈렛 단어 카드 활용법

퀴즈렛(Quizlet)은 2005년 미국에서 개발된 온라인 언어학습 도구입니다. 퀴즈렛 홈페이지를 이용하면 영어뿐만 아니라 다양한 언어들을 학습할 수 있지요. 퀴즈렛에서 필수적인 단어들을 추출하여 간단하게 단어 카드를 만들어 활용하는 방법을 소개하겠습니다.

우선 앞면에는 영어 단어, 뒷면에는 그 단어에 해당하는 그림이 위치하도록 조정해서 양면으로 인쇄한 다음 잘라서 단어 카드를 만듭니다.

이 카드는 소모품이므로 코팅 등으로 내구성을 높일 필요가 없습니다. 글자와 그림을 한 번에 양면 인쇄하기 어려운 경우에는 따로따로 출력해서 앞뒤로 붙여도 됩니다.

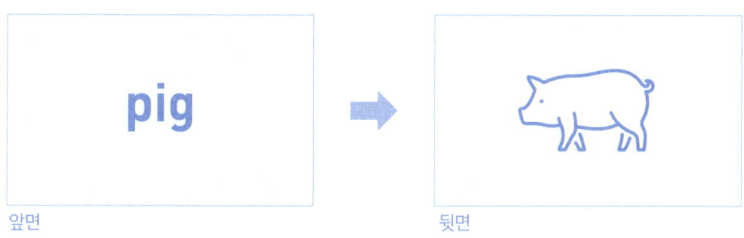

앞면　　　　　　　　　　　　　　뒷면

이 단어 카드를 활용하는 가장 기본적인 방법은 단어를 그림과 함께 익히는 것입니다. 영어가 적힌 면을 먼저 보여 주고 어떻게 읽는지 물어본 다음에 뒤집어서 그 영어 단어에 해당하는 그림을 보여 주는 식이지요.

이렇게 단어를 어느 정도 익혔다면 다음 단계는 영어와 한글을 연결하는 것입니다. 한글이 적힌 카드를 따로 만들어 영어가 적힌 카드와 섞어 두고 각각에 알맞은 짝을 찾도록 하는 것입니다. 또는 여러 개의 영어 단어 카드를 펼쳐 두고 그중에서 엄마가 말하는 단어가 적힌 카드를 게임처럼 찾아보는 것도 좋습니다.

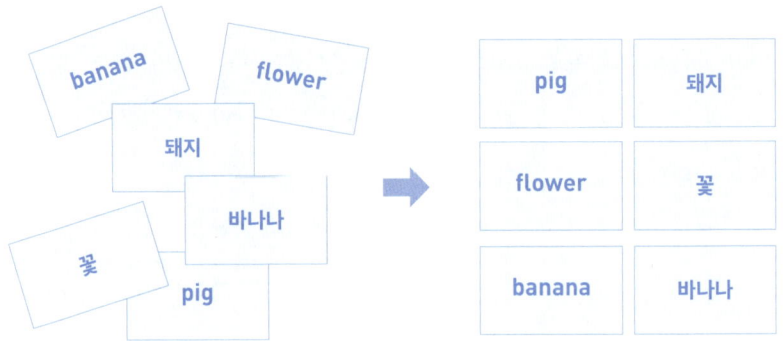

이제 쓰기 단계로 넘어갈 차례입니다. 그림 카드 상단에 그림에 해당하는 단어의 알파벳을 적을 수 있는 칸을 만들어 주고 빈칸을 채워 보게 하는 것입니다. 처음 시작할 때는 첫 글자를 힌트로 주세요. 단어가 길면 끝 글자나 중간 글자를 하나 정도 더 알려 주어도 괜찮습니다.

이제 마지막 단계가 남았습니다. 영어가 적힌 단어 카드를 두 조각으로 자릅니다. 이때 앞부분에는 알파벳을 하나만 남기는데, 단어가 긴 경우 2~3개 정도 남겨도 상관없습니다. 이렇게 여러 개의 단어 카드를 둘로 잘라 섞은 다음 퍼즐을 맞추듯이 서로 짝을 맞춰 보게 하는 것입니다.

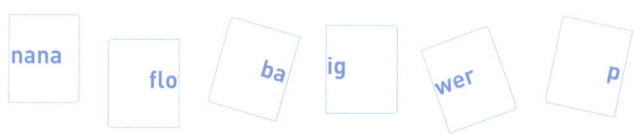

여기까지 하면 이번 단어 카드는 활용이 끝났습니다. 여러 번 공부하고 자르기까지 한 카드는 버리고, 또 새로운 단어들로 카드를 만들어 위의 과정을 반복하며 어휘 실력을 키우는 것이지요.

• **마인드맵을 그려라**

마인드맵은 마음속에 지도를 그리듯이 줄거리를 이해하며 생각을 정리하는 방법입니다. 이 마인드맵을 이용하면 아이들의 어휘력을 자연스럽게 확장해 나갈 수 있습니다. 방법도 어렵지 않습니다.

먼저 빈 종이를 준비해 가운데에 원을 그리세요. 아이들이 좋아하는 구름 모양 같은 것도 괜찮습니다. 그리고 그 안에 그날 배울 단어를 씁니다. 그런 다음 그 주변으로 아이의 수준에 맞게 3~8개 정도의 원이나 구름을 더 그립니다. 그 속을 가운데 있는 단어와 관련된 단어들로 채워 보게 하는 것이지요.

'이(tooth)'를 예로 들어 볼까요? 이는 딱딱하지요(hard). 또 하얗고요(white). 칫솔질도 해야 합니다(brush).

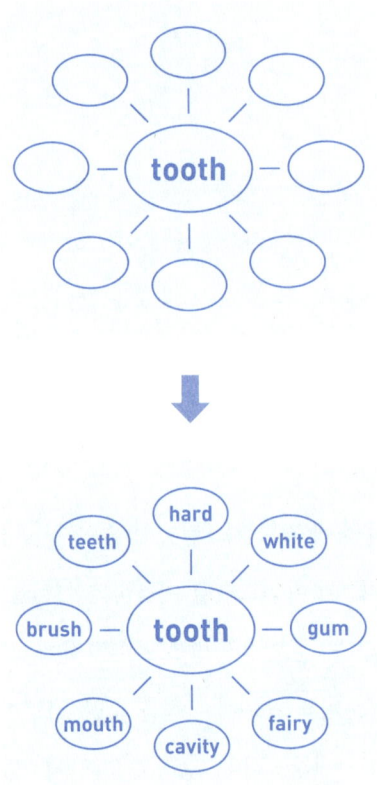

이런 식으로 단어들을 서로 연관 지으며 공부하면 하루 한두 가지 주제만으로도 어휘력을 풍부하게 늘릴 수 있습니다. 이해하기도 쉽고 기억도 오래 하지요. 잊어버렸더라도 마인드맵을 이용해 천천히 기억의 줄기를 더듬어 보면 다시 떠올릴 수 있고요.

마인드맵은 어휘 공부에도 효과적이지만 논리적인 사고를 기르는 데도 아주 좋습니다. 사물들 사이의 연관성을 떠올리며 생각을 확장해 나가기 때문이지요. 따라서 어릴 때부터 반드시 몸에 익혀 두어야 하는 학습법이라고 할 수 있습니다.

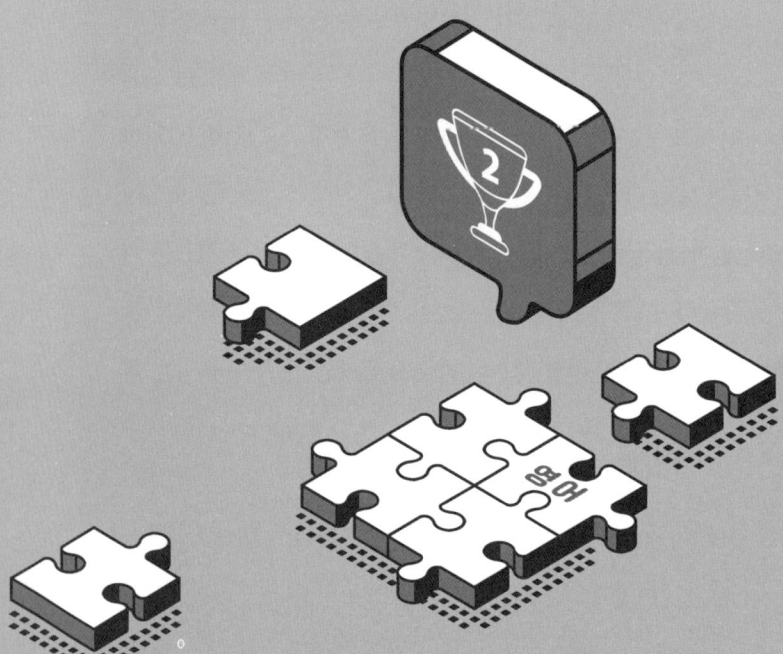

초   등
영 어 로 드 맵

어학원 vs 영유방과후 vs 영어도서관 어디가 좋을까?

초등학교 저학년 때까지는 영어 실력이 가진 의미가 상대적으로 더 큽니다. 다른 과목에 비해 개인별 실력 차가 가장 크기 때문이지요. 한마디로 앞서 나가는 아이와 평범한 아이를 구분하는 가장 큰 지표가 되는 것입니다. 이 '앞서 나갔던' 경험은 아이가 영어에 재미를 붙이고 자신감을 갖게 하는 데 중요한 역할을 합니다.

그런데 초등 과정에 들어서게 되면 영어를 공부하는 방법에도 큰 변화가 생깁니다. 영어를 모국어처럼 배우던 시기를 지나 본격적으로 외국어로 학습해야 될 시기가 되는 것이지요. 이제 AR 지수 등의 평가 지표는 큰 의미가 없습니다. 그래도 관리는 해야 합니다. 잠시만 소홀하면 '빛의 속도'로 배운 것들을 잊어버리고 영어 유치원을 다닌 아이도 다니지 않은 아이들과 별반 차이가 나지 않는 모습으로 되돌아가는 모습을 볼 수 있으니까요.

학부모님 중 아이가 영어 유치원에 다닐 때와 안 다닐 때의 차이가 너무 크다고 하는 분들이 계시는데, 영어 유치원 졸업 후에 후속 관리가 부실했던 경우가 대부분입니다. 영어 유치원은 다닐 때에도 서포트가 중요하지만 졸업하고 난 후에도 마찬가지입니다. 학습 시간이나 학습량을 어느 정도 유지하면서 관련 활동을 다양하고 꾸준히 경험하게 해 주는 것이 좋습니다. 잊지 마세요. 관리가 끊기면 실력도 단칼에 끊깁니다.

영어 유치원 이후의 영어 관리	
어휘	- 유치원 때 익혔던 단어를 꾸준히 복습하기 - 평가 난이도 높이기
파닉스	- 발음 뭉치를 기준으로 단어 읽기 - 하루 5분 이상 낭독하기
쓰기	- 의미를 이해할 수 있는 문장 중심으로 쓰기

그래서 초등 영어는 어떻게 대비해야 될까요? 이는 아이가 그동안 학습해 온 방법에 따라 다릅니다. 영어 유치원을 다닌 아이부터 이제 막 ABC를 시작하는 아이까지, 각자의 상황에 맞는 학습 계획이 필요하지요. 보통 초등학교 배정이 끝난 이후에는 학원 일정 잡기가 시작됩니다. 따라서 7세 11월에서 8세 2월 사이에는 이런 여러 가지 상황들을 고

러하여 어디에서 어떻게 공부를 시킬 것인지 계획에 따라 결정해야 합니다.

초등학교 1~2학년까지는 부모의 의지가 교육에 큰 영향을 미치지요. 그리고 이때 쌓은 기초가 앞으로 아이가 스스로 공부해 나갈 수 있는 역량이 되는 것이고요. 그런 만큼 엄마들의 세심한 관심과 노력이 특히나 중요한 시기입니다. 다음의 상황별 추천 내용을 참고하면 초등 영어의 학습 계획을 잡는 데 도움이 될 것입니다.

영어 유치원을 다닌 아이라면

영어 유치원은 크게 학습식으로 운영되는 곳과 놀이식으로 운영되는 곳으로 나뉩니다. 어느 쪽이든 2년 이상 꾸준히 다녔다면 일반적으로 상당히 높은 수준의 아웃풋을 기대할 수 있습니다. 읽기 능력도 상당하고 쓰기도 어느 정도 가능한 수준일 것입니다. 물론 학습식과 놀이식의 차이는 분명히 있습니다. 과제가 있고 없고에 따른 차이도 있지만, 가장 큰 차이는 원어민 교사 위주인지 아닌지에서 생깁니다. 그래서 어떤 영어 유치원을 다녔느냐에 따라 이후의 학습 방향에도 차이가 있습니다.

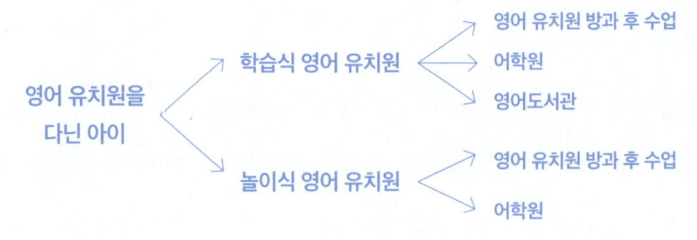

- **학습식 영어 유치원을 다닌 아이**

  추천 ○ **영어 유치원 방과 후 수업**

  학습식 영어 유치원에서는 대부분 초등 영어반을 운영하고 있습니다. 그래서 다니던 영어 유치원에서 계속해서 초등 영어를 공부할 수 있지요. 이곳의 최대 장점은 아이에게 이미 익숙한 곳이고 강사와 스텝들도 아이를 충분히 겪어 보아 특성을 잘 파악하고 있다는 것입니다. 영어 몰입형 학습으로 다양한 공부를 할 수 있다는 것도 장점입니다. 다만 주 5일 일정으로 운영하는 곳이 많아 아이가 학교생활과 병행하기 힘들어하는 경우도 있으니 이런 면을 잘 생각해야 합니다.

  추천 ○ **어학원**

  어학원으로 갈 때는 원어민 수업과 읽기 학습을 계속 이어 갈 수 있는 곳이 좋습니다. 다만 숙제가 과한 곳은 별로 추천하지 않습니다. 벌써부터 숙제 때문에 질려서 영어에 흥미를 잃어버리면 곤란하니까요. 무엇보다 지금까지 해 왔던 학습을 계속 연결해 나갈 수 있는 곳이어야 하고, 이해해 줄 수 있는 곳이어야 합니다.

그래서 가급적이면 아이가 새롭게 만나게 되는 선생님에게 지금까지 영어 유치원에서 거친 교육과정을 알리는 게 좋습니다. 어학원 선생님도 대략적으로 영어 유치원의 교육 내용은 알고 있지만, 직접 경험하지 않는 이상 구체적으로는 알기 어렵지요. 선생님이 아이의 상황을 알면 다음 단계로 아이에게 어떤 것을 가르쳐야겠다는 계획을 세우기가 편합니다. 따라서 상담하러 갈 때, 아이가 지금껏 공부해 온 교재나 커리큘럼을 알려 줄 수 있도록 준비해 가는 것이 도움이 됩니다.

신중 △ 영어도서관

영어도서관에서 책을 읽는 것은 좋지만 그것으로 학습식 영어 유치원의 읽기 교육을 대체하는 것은 어렵습니다. 대부분의 영어도서관은 책을 읽고 간단한 질문만 할 뿐 그 이상의 역할은 하지 않으니까요. AR 테스트 등을 제공한다고 해도 아이들이 자기 주도적으로 진행하지 않을 경우, 효율이 좋지 않습니다. 더구나 초등 과정부터는 AR의 의미가 많이 감소하지요. 그래서 학습 효과를 기대하고 영어도서관을 선택하는 것은 신중해야 합니다.

- **놀이식 영어 유치원을 다닌 아이**

추천 ○ **영어 유치원 방과 후 수업**

대부분의 경우 놀이식 영어 유치원의 초등 수업은 유치원 수업의 연장선입니다. 가벼운 놀이 수준의 학습을 초등학생이 된 다음에도 계속한다는 것은 그다지 가성비가 좋은 선택이라고 할 수 없습니다. 도전 욕구가 충분히 만족되지 않기 때문에 장기적으로 보았을 때에는 아이의 성취감에도 영향을 줍니다.

따라서 영어 유치원의 방과 후 수업을 듣는다면 놀이식 대신 학습식 영어 유치원을 선택하는 편이 낫습니다. 단 수업 시간이 부담스러울 수 있으니 주의를 기울여야 합니다. 계속 학습식 영어 유치원에서 공부해 왔던 아이들도 그렇지만 특히 놀이식 영어 유치원 수업에 익숙한 아이들이라면 더 힘들어할 수도 있습니다.

추천 ○ **어학원**

어학원을 선택할 경우 먼저 지금까지의 학습 내용을 빠르게 복습하는 것이 좋습니다. 그런 다음 학습의 빈틈을 찾아 그것을 잡아 줄 수 있는 어학원을 찾는 것이지요. 기왕이면 선생님들의 지도를 보다 꼼꼼하게 받을 수 있도록 소수로 수업하는 곳이 좋습니다. 그리고 숙제가 지나치게 많지 않은지 확인이 필요합니다.

일반 유치원을 다닌 아이라면

영어 유치원을 다닌 아이의 경우 그동안 계속해 왔던 모국어 습득 방식을 유지하는 것이 좋습니다. 그래서 같은 방식을 취하고 있는 영어 유치원 방과 후 수업을 먼저 추천하는 편입니다.

하지만 일반 유치원을 나온 아이들에게는 보통 유치원 다음 코스로 어학원을 추천합니다. 어느 정도 체계가 잡힌 우리말 실력을 바탕으로 영어를 처음부터 외국어로 학습하게 하는 것이지요. 그래서 〈Bricks〉나 〈Link〉 시리즈 등의 초등 교재로 수업을 진행하는 어학원으로의 연계가 조금 더 자연스러운 편입니다.

그런데 요즘에는 일반 유치원들 중에도 영어에 신경 쓰는 곳이 많습니다. 유치원이 끝난 뒤 어학원 등에서 영어 공부를 꾸준히 해 온 아이들도 있고 또 엄마표 영어 유치원도 빼놓을 수 없지요. 그래서 일반 유치원을 나온 아이들은 개인차가 매우 큰 편입니다. 크게 구분을 하면 AR 3점 이상인 아이, 파닉스만 학습한 아이, ABC부터 시작해야 하는 아이로 나눌 수 있습니다. 이 중 ABC부터 시작해야 하는 아이에 대해서는 뒤에서 나오는 '초등 1학년에 ABC를 시작한다면?'(166쪽)에서 자세히 다루겠습니다.

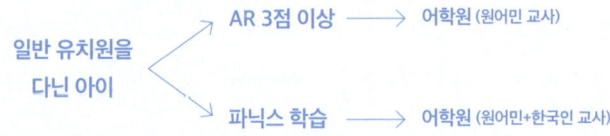

· **AR 3점 이상인 아이**

〈Oxford Reading Tree(ORT)〉 Stage 7 이상이고 〈Nate the Great〉 수준의 챕터북을 스스로 읽을 수 있는 아이라면 영어 유치원을 나온 아이와 실력 차이가 크지 않다고 볼 수 있습니다.

추천 ○ **어학원 (원어민 교사)**

어느 정도 읽기가 되는 아이들은 원어민 교사 위주의 어학원이 좋습니다. 독해와 원서 읽기, 에세이 등을 교육하는 곳을 추천합니다. 과제의 양이 적당한지 체크하고 분기별 레벨 테스트 등으로 아이의 상황을 관리해 주는 곳이면 더욱 좋습니다. 아이가 학원에 잘 적응 중인지 궁금하면 다음과 같은 것들을 확인해 보면 됩니다.

☑ **체크리스트**

○ ORT Stage 7 이상을 읽을 수 있는가?

○ 〈Nate the Great〉 수준의 챕터북을 스스로 읽을 수 있는가?

○ 이해력 문제 풀기 연습을 하고 있는가?

○ 과제와 시험(분기별 레벨 테스트)가 진행 중인가?

• **파닉스만 학습한 아이**

파닉스를 학습했다면 알파벳을 읽고 쓸 줄 알고 짧은 글의 책도 스스로 읽을 수 있을 것입니다. 이런 아이들도 어학원으로 연계해서 조금 더 깊이 있게 영어 공부를 이어 가는 것이 좋습니다.

추천 ○ **어학원 (원어민+한국인 교사)**

아직 읽기 실력이 충분하지 않다면 원어민 교사 위주의 어학원보다는 한국인 교사가 함께 있는 곳을 찾아 아이의 부담을 덜어 주는 것이 좋습니다. 바른 학습 습관을 익힐 수 있도록 규율이 잘 잡혀 있는 곳, 주기적인 평가를 통해 아이의 실력을 점검해 주는 곳이면 더욱 좋고요. 담임 강사와의 소통을 통해 아이의 학습 상황을 이해하고 부족한 부분은 지원해야 합니다. 다음과 같은 상황들을 확인하면 도움이 될 것입니다.

☑ **체크리스트**

○ 〈Fly Guy〉, 〈Elephant & Piggie〉 수준의 책을 스스로 읽을 수 있는가?

○ Grade 1의 사이트 워드를 읽을 수 있는가?

레벨 테스트를 준비한다면?

앞에서 영어 유치원을 나온 아이나 일반 유치원을 나온 아이 모두에게 공통적으로 어학원을 추천하였습니다. 그런데 대형 어학원들은 대부분 입학할 때 테스트를 봅니다. 그리고 실력에 맞는 반을 배정하지요. 아이를 대형 어학원에 보낸다는 것은 시스템에 맡긴다는 뜻이니 미리 준비하여 기왕이면 아이가 갈 수 있는 반 중 높은 레벨의 반에 배정받는 것이 좋습니다.

일반 유치원에서 〈Bricks〉나 〈Link〉 시리즈 등의 초등 ELT(English Language Teaching) 교재로 영어 과정을 수강한 아이들의 경우 초등 어학원에서 같은 교재를 다시 배우게 될 수도 있습니다. 이상적인 경우라고 할 수는 없지만 유치부와 초등부의 교육 방법은 완전히 다르기 때문에 다시 배우는 것도 나쁘지 않습니다. 그리고 함께 공부하는 아이들의 조합이 우수하다면 같은 교재로 공부하더라도 아이들끼리 서로 영향을 주고 자극을 받아 더 나은 학습 효과를 얻을 수 있습니다. 이를 요약하자면 '선생님보다는 레벨, 교재보다는 친구'가 중요하다고 할 수 있습니다.

레벨 테스트, 이런 것들을 준비해야 합니다

대표적인 어학원들의 초등학교 1학년 수준 레벨 테스트 내용은 대략 다음과 같습니다.

	듣기	말하기	읽기	쓰기
청* April	35분	원에 따라 다름 (간단한 질문 정도)	35분	15분
폴*	10분	원어민 인터뷰	20문항	10분
서*SLP	15분	간단한 인터뷰 (2~3개 질문)	50~150단어 지문 읽기	간단한 문장 쓰기

지역별 차이가 있을 수 있음

듣기, 말하기, 읽기, 쓰기의 네 영역을 골고루 테스트하지요. 테스트에서 좋은 결과를 기대하려면 사전 연습이 필수지만 너무 무리하는 건 오히려 안 좋습니다. 아이가 영어에 흥미를 잃는 역효과가 날 수도 있으니까요. 아이의 수준에 맞추어 준비하세요. 지금은 100점을 목표로 하는 것보다 아이가 성취감을 느끼며 한발 한발 앞으로 나아가는 것이 훨씬 중요합니다.

• 의외로 어려워하는 청해 테스트

청해 테스트는 연습을 해 본 적 없이 처음 접하는 아이라면 굉장히 어색하고 부자연스러운 경험이 될 수 있습니다. 특히 컴퓨터로 치르는 청해 테스트를 처음 겪는 아이들은 지시문과 실제 문제를 구분하지 못하는 경우도 상당히 많습니다. 그러니 만약 원하는 어학원의 레벨 테스트에 듣기 시험이 있다면 꼭 연습을 해서 보내야 합니다. 방법을 몰라서 실력을 발휘하지 못하고 시험을 망치면 아이가 크게 실망할 테니까요.

• 에세이 테스트 준비는 이렇게

영어 실력은 하루아침에 쌓이지 않습니다. 이를 종합적으로 드러내는 에세이 테스트는 성실한 준비가 없으면 대처가 어렵습니다. 다음의 방법들을 참고하면 에세이 쓰기를 연습하는 데 도움이 될 것입니다.

- 집에서 단순한 주제들로 10문장 쓰기를 해 봅니다.
- 서론-본론-결론의 형식을 알려 줍니다.
- 대소문자, 구두점(쉼표와 마침표), 띄어쓰기를 알려 줍니다.
- 주어-동사 일치를 알려 줍니다.

10문장 쓰기를 할 때는 다음과 같이 쉽고 흥미로운 주제들이 좋습니다. 이를 참고하여 다양한 주제로 지도해 보세요.

10문장 쓰기 주제 예시

- If your favorite teacher turns into an animal, what animal would you like him/her to be?
- If you could travel outer space, where would you like to go? Why?
- Write a story about a giant.
- What does a super-fun day look like to you?
- What would happen if animals could talk? What questions would you like to ask them?
- Imagine that you can become invisible whenever you wanted to? What are some of the things you would do.
- If you could take a vacation, would you go to a place with a beach, a forest or a mountain range?
- There is a lot of technology in your classroom and in your home. Which devices do you like best? Which devices are not your favorite?

어학원, 이런 것들을 더 생각해 보세요

· 상급생과의 수업은 신중하게

아이의 실력이 뛰어난 경우라면 높은 학년의 아이들과 함께 수업을 듣는 것이 어떻겠느냐는 권유를 받을 수 있습니다. 개인적으로는 별로 추천하지 않는 방향입니다. 아이가 아무리 잘한다고 해도 상급생들과는 알고 있는 어휘의 수부터 차이가 나기 때문입니다. 글씨를 쓰는 속도도 다르지요. 더구나 또래 집단이 굉장히 중요할 시기인데 상급생들과는 동등한 관계로 교류하는 것이 쉽지 않습니다. 주눅 들어 버겁게 따라가는 것보다는 또래들과 함께 편안한 분위기에서 공부하는 것이 낫습니다.

• 어렵게 정한 학원, 너무 쉽게 옮기지 마세요

발품을 팔아 어렵게 학원을 선택해서 보냈는데 아이가 학원이 마음에 안 든다고, 옮기고 싶다고 할 수도 있습니다. 그렇지만 학원을 한번 정하면 적어도 3~5개월 정도는 꾸준히 보내는 것이 바람직합니다. 아이가 학원을 싫어하는 것이 꼭 그 학원의 교육 프로그램이나 커리큘럼에 문제가 있다는 뜻은 아니니까요.

아이를 어린이집이나 유치원에 처음 보낼 때를 떠올려 보면, 한동안 적응하지 못해서 가기 싫다고 떼를 쓴 시기가 있었을 것입니다. 그래서 부모가 함께 다니며 적응을 도와주기도 했을 것이고요. 학원도 마찬가지입니다. 낯설어서 싫을 수도 있고 본격적으로 학습을 하는 곳이니 부담스러운 마음이 들 수도 있지요. 이럴 때는 선생님과 대화를 많이 하고 도움을 받는 게 좋습니다.

3~5개월의 유예를 두는 것은 나쁜 선례를 남기지 않기 위함이기도 합니다. 아이에게 학원을 쉽게 옮길 수 있다는 인식을 심어 주면 안 되니까요. 아이가 원하는 대로 학원을 계속 옮겨 주면 힘들고 불편한 것을

견디고 적응하는 힘을 키울 수 없습니다. 게다가 학원을 한 번 옮길 때마다 아이 성적이 뚝뚝 떨어진다는 이야기를 하는 학부모님이 많습니다. 맞는 말입니다. 학원마다 교육 철학이 다르고 평가 기준이 다르기 때문이지요. 그래서 자주 학원을 옮기다 보면 적응하는 데 바빠 실력이 쌓일 시간이 없습니다. 공들여 학원을 정했을 때는 분명 그 학원을 선택한 이유가 있었을 것입니다. 그 선택을 믿고 학원의 시스템을 이해하고 적응하는 시간을 충분히 가져 보길 권합니다.

초등 1학년에 ABC를 시작한다면?

늦게 시작한 아이, 이것부터 먼저 하세요

초등학교에 들어간 이후 알파벳 공부를 시작해야 하는 아이나 알파벳을 대략 알고는 있지만 대소문자 구분까지는 힘든 아이라면 단어를 올바르게 읽을 수 있도록 파닉스부터 익혀야 합니다. 단, 영유아 시기보다 인지 능력이 발달한 상태이므로 학습 속도는 빠르게 진행하는 것이 좋습니다.

다음으로 사이트 워드를 익혀야 합니다. 이미 주변에서 보고 들은 것이 있기 때문에 그것들을 바탕으로 어휘를 확장해 주면 됩니다. 이때 철자 쓰기 공부까지 병행하는 게 좋습니다.

영유아 시기에 영어를 시작한 아이들은 문법을 나중에 배웁니다. 하지만 영어를 늦게 시작한 아이들은 먼저 시작한 아이들을 따라잡기 위해 간단한 문법을 함께 배워야 합니다. 예를 들어 영유아 때는 단순히 'go'처럼 동사의 현재형만 가르쳤다면 이제는 'go-went-gone'처럼 시제에 따른 동사의 변화도 함께 알려 주는 식이지요.

또 영유아 시기에는 상대적으로 화상영어, 따라 쓰기, 쉐도잉 등의 학습이 어려웠지만 초등학생이 되면 충분히 할 수 있습니다. 이런 종류 학습의 빈도도 높이는 것이 좋습니다.

기본 어휘 익히기

영어를 본격적으로 하려면 어휘가 뒷받침되어야 합니다. 그래야 다양한 상황들을 표현할 수 있으니까요. 우선 다음의 단어들부터 익히도록 해 주세요. 그러면 어휘의 확장이 쉬워집니다.

- **첫째, 1부터 20까지 영어로 쓰고 말하기**

영어에는 1부터 20까지를 나타내는 고유한 표현들이 있지요.

> one two three four five six seven eight nine ten eleven twelve thirteen fourteen fifteen sixteen seventeen eighteen nineteen twenty

얼핏 보면 'four'와 'fourteen'이 비슷해 보이지만 이 둘은 엄연히 다른 단어입니다. 'five'와 'fifteen'도 마찬가지지요. 그래서 이 20개의 단어는 하나하나 암기해야 합니다. 그러고 나면 나머지 숫자를 익히는 것은 어렵지 않습니다. twenty-one, twenty-two, twenty-three처럼 규칙을 따르니까요. thirty, forty, fifty…… hundred 등 몇 개만 외우면 100까지 세는 것도 문제없습니다.

그리고 숫자를 나타내는 단어 속에 숨어 있는 재미있는 의미와 문화적인 배경도 배울 수 있습니다. 예를 들어 'teenager'라는 단어는 십 대를 뜻하지요. 그러면 십 대는 구체적으로 몇 살부터 몇 살까지를 지칭할까요? 열 살만 넘으면 다 십 대라고 할 수 있을까요? 영어 단어를 살펴보면 영어 문화권에서 생각하는 십 대의 범위를 알 수 있습니다. 십 대를 의미하는 'teen'이라는 접미사가 'thirteen'부터 'nineteen'까지 붙어 있으니까요.

- **둘째, 과일과 동물의 이름을 영어로 10개씩 익히기**

우리가 주변에서 자주 접하는 과일이나 동물들의 이름을 10개씩 익히는 것도 좋은 방법입니다. 과일이나 동물은 그 성질과 특성에 대해서 아이가 이미 잘 알고 있기 때문에 관련된 형용사를 붙여서 기억하기 좋습니다.

예를 들어 아이가 'apple'이라는 단어를 익혔다면 사과의 색깔을 이용해 'red'라는 형용사를 배우고 'red apple'로 기억할 수 있습니다. 사과는 맛있으니까 'delicious red apple'과 같이 어휘를 확장해 나갈 수도 있습니다.

apple → red apple → delicious red apple

동물은 어떤 기준으로 분류해 볼 수 있을까요? 크기에 따라서 분류하며 'big'이나 'small' 같은 단어들을 함께 배울 수 있습니다. 'near'나 'far'를 알려 주며 가까이서 만져 볼 수 있는 동물, 멀리서 지켜볼 수 있는 동물로 나눌 수도 있습니다. 이런 식으로 과일이나 동물의 이름과 함께 연관해서 기억하기 좋은 형용사들도 같이 알려 주면 자연스럽게 어휘력을 향상시킬 수 있습니다.

- **셋째, 일상에서 자주 접하는 사물이나 대상 이름 20개 외우기**

일상에서 자주 접하는 명사들을 가르칠 때는 단수와 복수의 개념까지 함께 익히게 하는 것이 좋습니다. 즉 복수형을 만들 때 's'나 'es'를 붙이는 규칙, 불규칙한 모양으로 변하는 단어 등에 대해서 설명해 주는 것이지요.

tree → trees   dish → dishes   tooth → teeth

이런 일상의 단어들은 그것들이 쓰이는 상황과 함께 연결해서 가르치면 더욱 좋습니다. 예를 들어 'student'를 배웠으면 'student'를 가르치는 'teacher', 'student'가 보는 'book', 앉아서 책을 보는 'desk' 등의 단어를 알아 갈 수 있지요. 이 단어들을 이용해 'This is a student' 같은 표현도 해 볼 수 있습니다. 어휘뿐만 아니라 기본적인 문형까지 함께 익히게 되는 것이지요.

teacher ↔ student → book → desk

This is a teacher ↔ This is a student

이와 같은 방법으로 1학년 1학기 동안 50개 정도의 어휘를 마스터하는 것을 목표로 잡고 학습을 시작해 보세요. 먼저 시작한 아이들을 충분히 따라갈 수 있을 것입니다.

어디서 공부하면 좋을까요?

영어를 늦게 시작한 아이의 경우 비교적 아이를 개별적으로 챙겨 줄 수 있는 교습소를 추천합니다. 학원을 자주 옮기면 적응하느라 학습이 지체되는 시간이 계속해서 발생하므로 1~2년 정도는 안정적으로 보낼 수 있는 곳을 신중하게 찾아보세요. 파닉스와 쓰기를 중점적으로 지도해 주는 곳이 좋습니다.

단, 속성으로 지도하는 곳은 추천하지 않습니다. 보통 초등학생이 파닉스를 배울 때 완성 기간을 1년 4개월에서 1년 6개월 정도 봅니다. 그런데 파닉스를 6~8개월 만에 끝내게 해 주겠다는 곳들도 있지요. 그렇게 짧은 시간 동안 파닉스의 체계를 제대로 학습하기는 힘듭니다. 파닉스를 끝냈다고 하면 소리를 듣고 철자를 쓸 수 있는 수준까지 되어야 하는데, 속성으로 진행하는 곳들은 대부분 이런 쓰기 단계를 건너뛰고 곧바로 단어 읽기로 들어갑니다. 영어 공부가 조금 늦었다고 해도 이제 겨우 초등학교 저학년일 뿐입니다. 서두르는 대신 기초를 탄탄하게 쌓으면서 갈 수 있도록 완만하게 지도하는 것이 낫습니다.

그런데 교습소의 경우 아이를 세심하게 챙겨 준다는 게 장점이기도 하지만 단점이 될 수도 있습니다. 교습소들 중에는 자습실을 따로 두고 그날의 학습은 물론 숙제까지 교습소 안에서 다 끝내게 하는 곳들이 있습니다. 그렇게 하면 부모 입장에서는 집에서 숙제를 봐주지 않아도 되니 편하겠지요. 하지만 장기적으로 보았을 때는 올바른 공부 습관에 도움이 되지 않습니다. 숙제는 집에서 해야 합니다. 그래야 집에서 공부하는 것에 익숙해질 수 있습니다.

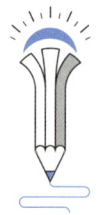

영문법, 어떻게 시작할까요?

영어 학습 3년 차, 문법 공부를 시작해야 할 때

영어 유치원이나 엄마표 영어로 시작한 아이들이라면 7~8세, 초등학교에 입학하면서 시작한 아이라면 3학년 무렵이면 영어 학습 3년 차가 될 것입니다. 그동안 공부를 충실히 해 왔다면 이때쯤에는 보통 파닉스가 완전히 끝났을 것이고요. 아직 철자를 정확하게 쓰기까지는 어렵지만 가벼운 챕터북 정도는 스스로 읽을 수 있고 다섯 단어 이하의 간단한 문장들은 혼자서 만들어 냅니다. 언어의 기본 요소에 대한 개념도 어느 정도 생성이 되었을 시기이기도 하지요. 이 아이들이 한 단계 더 나아가기 위해서 필요한 것이 바로 문법 학습입니다.

문법을 벌써부터 공부할 필요가 있나 하는 생각이 들 수도 있습니다.

초등 3~4학년은 되어야 배울 수 있는 거 아닌가 생각할 수도 있지요. 보통 문법이라고 하면 학교 시험의 까다로운 문법 문제를 해결하기 위한 '내신 문법'부터 떠올리기 때문일 것입니다. 물론 내신 문법도 중요하지요. 하지만 문법은 근본적으로 그 언어를 제대로 쓰기 위해 만들어진 규칙이라는 것을 알아야 합니다. 그러니 간단한 표현에서 정확한 소통으로 나아가기 위해서는 반드시 문법의 도움을 받아야 합니다. 그래서 모국어를 배우는 방식으로 영어를 배우다 보면 유치원 교재에도, 초등 1학년 교재에도 문법이 등장합니다. 물론 내용은 중학교에서 배우는 어려운 문법이 아니라 실제 영어를 말하고 쓰는 데 도움이 되는 실용적인 것들입니다. 유초등 시기에는 문장이 어떤 성분들로 구성되는지 알고 그 성분들의 역할만 제대로 배워도 문법 공부의 기반을 훌륭하게 쌓을 수 있습니다.

- **문법 공부의 3단계**

1단계	문법 용어 익히기
2단계	문법 공식 익히기
3단계	문법 적용하기

문법 용어들은 대부분 한자어로 되어 있는 낯선 단어들입니다. 그래서 문법을 처음 시작할 때는 용어들의 뜻부터 차근차근 설명해 주는 게

좋습니다. 명사는 이름, 동사는 행동, 형용사는 꾸며 주는 말 등으로 설명해 주어야 아이가 이해하기가 쉬우니까요. 그런 다음 지금까지 익힌 단어들이 어떤 품사에 해당하는지 분류하면서 익숙해지도록 지도하면 됩니다.

두 번째로는 문법의 공식을 익혀야 합니다. 말을 하거나 글을 쓸 때 규칙이 있다는 것을 인지하는 것이지요. 그리고 이를 바탕으로 문장에서 오류도 발견해 낼 수 있어야 합니다. 마지막 세 번째 단계가 독해나 글쓰기에 실제로 문법을 적용하는 것입니다.

영문법, 이렇게 시작하세요

문법 공부를 처음 시작하는 영어 3년 차 때의 학습 목표는 두 가지입니다. 첫째는 보다 정확한 영어를 구사하는 것입니다. 이를 위해서는 주어와 동사, 형용사를 구분할 수 있어야 하고 시제와 인칭도 이해해야 합니다. 또 인칭의 올바른 활용이나 단수와 복수 등 명사의 다양한 활용법도 알아야 하지요.

둘째는 완전한 문장의 형태를 이해하는 것입니다. 문장 안에서 주어와 동사를 찾을 줄 알고 완전한 문장인지 아닌지도 가릴 수 있어야 합니다. 이렇게 문장을 이해하면 문장에서 문단으로 글을 이어 쓸 수 있습니다. 그렇다면 이 두 가지 목표를 이루기 위해서 무엇부터 시작해야 할까요?

- **명사와 동사부터**

명사와 동사를 구분하는 것은 영어 문법의 가장 기초입니다. 일상적인 명사와 동사를 익힐 때는 24시간 안에 복습을 하는 것이 좋습니다. 쉽고 효율적인 복습을 위한 방법으로 플래시 카드를 추천합니다.

명사를 가르칠 때는 셀 수 있는 명사와 셀 수 없는 명사, 즉 가산명사와 불가산명사의 개념을 확실하게 잡아 주어야 합니다. 이때 'a/an'의 용법도 함께 알려 주는 것이 좋습니다. 동사를 가르칠 때는 과거형-현재형-미래형을 함께 알려 주세요. 명사와 동사를 구분하는 연습을 할 때는 해당 단어에 동그라미를 표시하거나 빈칸에 알맞은 단어를 채워 보는 등의 활동이 도움이 됩니다.

명사에 동그라미 표시하기

1. Our house has 4 bedrooms.
2. My cat goes "meow."
3. These are apple trees.
4. My hat is too big for my head.

빈 곳에 알맞은 단어 넣기

[house   cat   trees   hat]

1. Our ＿＿ has 4 bedrooms.

2. My ＿＿ goes "meow."

3. These are apple ＿＿.

4. My ＿＿ is too big for my head.

• 모든 문장에는 주어와 동사가 필요합니다

　세계적인 언어학자 노암 촘스키에 따르면 우리의 뇌에는 언어습득을 관장하는 언어습득장치(LAD, Language Acquisition Devise)가 있다고 합니다. 즉 태어나면서 언어를 습득하는 능력이 있다는 것입니다. 언어, 인종 등에 관계없이 일정 나이가 되면 따로 학습하지 않아도 자연스럽게 모국어를 습득한다는 사실이 이를 뒷받침하지요.

　이 언어학습장치(LAD)를 자극하여 모든 언어에 공통적으로 적용되는 문법 구조인 '보편문법'을 활용하기 위해 주어부터 공부를 시작하는 것이 좋습니다. 촘스키의 이론에 따르면 모든 언어에는 주어가 있습니다. 주어가 드러나지 않을 수는 있지만 없을 수는 없지요. 주어는 문장에서 동작이나 상태, 성질의 주체가 되는 말로 문장의 가장 기본이 되는 요소이자 출발점이라고 할 수 있습니다.

　그런데 우리말과 영어는 주어의 사용법이 조금 다릅니다. 우리말은 주어가 생략되어도 문법에 어긋나지 않습니다. 오히려 생략하고 말하는 것이 자연스러운 경우도 있지요. 하지만 영어에는 반드시 주어가 있어야 합니다. 그리고 이 주어의 동작을 설명해 주는 동사가 있어야겠지요. 주어와 동사가 있어야 비로소 온전한 문장이라는 것을 설명해 주세요.

주어 생략이 가능한 우리말 → (너) 점심 먹었니? 네, (저는) 먹었어요.

주어가 반드시 있어야 하는 영어 → Did you eat lunch? Yes, I did.

주어, 동사를 가르칠 때 특히 주어와 동사의 일치, 시제에 대한 부분은 꾸준히 연습해야 합니다. 또 불규칙한 과거형을 가진 동사들도 함께 지도해 주세요. 영어 문장에서 주어와 동사, 명사와 동사를 정확하게 구분하는 문제는 의외로 간단하지 않습니다. 다음의 두 문장을 한번 살펴볼까요?

Time flies like an arrow. (시간은 화살처럼 날아간다.)
(S)   (V)

Fruit flies like an apple. (초파리들은 사과를 좋아한다.)
(S)   (V)

첫 번째 문장은 무난하게 주어와 동사를 찾을 수 있지만 두 번째 문장 같은 경우 끊어 읽기를 잘못하면 해석이 난감해집니다. 더구나 'flies'라는 단어가 어떤 문장에서는 동사로, 어떤 문장에서는 주어로 쓰이고 있으니 더 헷갈리지요. 물론 일상생활에서는 한 단어가 이렇게 극단적으로 쓰인 문장을 나란히 볼 일은 거의 없습니다. 하지만 문법을 제대로 이해하고 있는지 평가하기 위한 시험에서는 얼마든지 이런 문제들이 등장할 수 있습니다. 그래서 문법을 처음 배울 때부터 주어와 동사를 구분하는 훈련을 착실하게 해야 하는 것이지요.

- **'소유'를 모르는 아이에게 소유격을 가르치려면?**

아이들이 문법을 어려워하는 이유 중에 큰 비중을 차지하는 것이 문법 용어를 용어로만 받아들이고 그 뜻을 이해하지 못하는 것입니다. 그래서 앞에서도 한자어로 된 문법 용어들을 풀어서 설명하는 것이 중요하다고 강조했습니다. 그런데 '소유격'의 경우는 '소유'라는 개념 자체가 아직 아이들에게 익숙하지 않습니다. 그래서 언어적인 감각을 길러 주며 개념을 함께 가르치는 것이 좋습니다.

이를 위해 주변 물건에 이름표를 붙이는 활동을 추천합니다. 그리고 그 물건을 볼 때마다 '누구의' 것인지를 말하도록 하면서 소유격을 연습하는 것이지요. 이런 활동을 통해 소유격과 소유대명사를 어느 정도 익힌 후에는 인칭표를 통해 소유격을 정리해 주는 것이 좋습니다. 인칭표를 지도하면서 대명사와 지시어의 쓰임에 대해서도 함께 알려 주세요.

인칭	수	주격	소유격	목적격	소유대명사 -의 것
1인칭	단수	I	my	me	mine
2인칭	단수/복수	you	your	you	yours
3인칭	단수	he	his	him	his
3인칭	단수	she	her	her	hers
3인칭	단수	it	its	it	-
3인칭	복수	they	their	them	theirs
1인칭	복수	we	our	us	ours

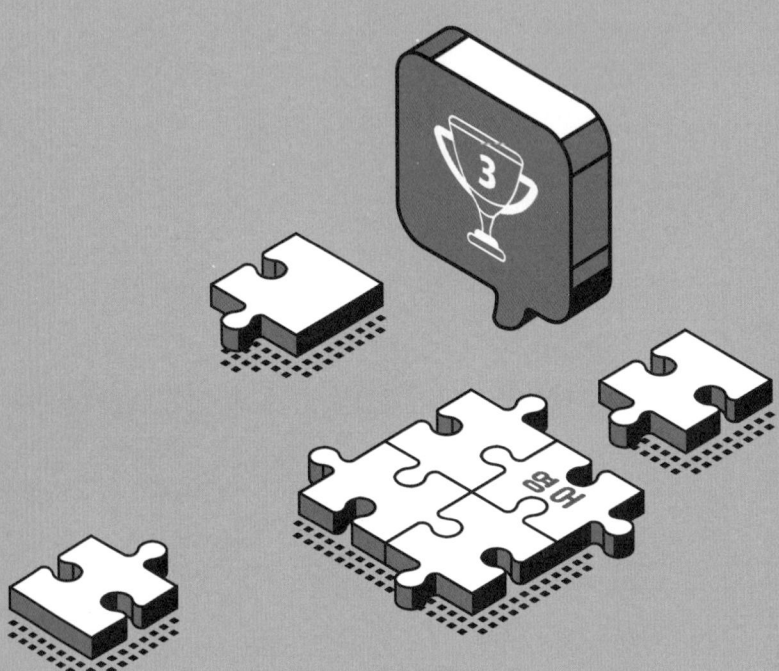

영 역 별
마스터하기

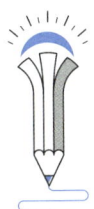

영어 4대 영역을 균형 있게

영어의 틀을 잡아 가는 유초등 시기에는 영어의 4대 영역 즉 듣기, 말하기, 읽기, 쓰기 교육이 균형 있게 이루어져야 합니다. 그러나 실제로는 '읽기' 위주로 흘러가기가 쉽지요. 학교 내신을 비롯해 영어 실력을 측정하는 대부분의 시험에서 읽기가 차지하는 비중이 절대적으로 크니까요.

하지만 영어는 이미 특정 국가의 언어를 넘어선 국제 언어입니다. 당장은 학교 성적, 입시 등이 더 크게 보이지만 멀리 보자면 학업의 깊이, 직업적인 전문성 등을 위해서 필수적으로 갖추어야 할 소통의 도구이자 지식과 정보 습득을 위한 도구이지요. 그 도구를 제대로 활용하기 위해서는 듣기, 말하기, 읽기, 쓰기 능력이 고루 갖추어져야 합니다.

아이가 영어로 된 책을 술술 읽는 모습만으로 아이의 학습 상황을 판단하는 것도 적절하지 않습니다. 어릴 때 영어를 잘 읽는다고 해서 무조건 영어 실력이 빨리 느는 것은 아니니까요. 책을 더듬거리면서 읽거나 완벽히 이해하지 못한다고 해서 영어 실력이 없는 것도 아니고요.

재차 강조하지만 4대 영역을 균형 있게 익혀야 한다고 해서 무리하게 학습을 시켜야 한다는 뜻은 아닙니다. 우리말을 익힐 때 많이 보고 들으면서 자연스럽게 배우듯 영어도 처음 배울 때는 '자연스럽게 스미듯이' 배우는 것이 좋습니다. 실수도 해 가면서 배워야 창의성도 늘어나지요. 그래서 실제 미국의 저학년 교과서에는 답지가 없습니다. 답이 정해져 있지 않으니 너의 생각을 말해 보아라, 충분히 실수해 보아라, 그런 뜻이겠지요. 그러니 아이의 부족한 영역을 살피며 채우되 너무 조급하게 생각할 필요는 없습니다.

그렇다면 구체적으로 4대 영역의 학습 목표는 어느 정도로 생각해야 할까요? 보통 초등학교 1학년 무렵이면 그동안 해 왔던 학습 내용에 따라 성취 수준에 차이가 있습니다. 다니는 학교별로 요구하는 성취 수준도 다르지요.

	듣기	말하기	읽기	쓰기
국공초 (3학년~)	없음	한 문장 말하기	30단어 이하 읽기	한 문장 단답형 쓰기
사립초 (1학년)	간단한 듣기와 받아쓰기	30초 이상 말하기	50단어 이상 읽기	2~3문장 쓰기
국제초 (1학년)	회화로 바로 들어감	일상 회화에서 수업을 위한 발표	미국 AR, 렉사일 지수에 맞춤 (국제초1=국공초5)	3~5문장 이상 쓰기

이러한 사항들을 고려하여 다음의 네 가지를 목표로 생각하면 초등 과정의 성취로는 충분할 것 같습니다.

4대 영역 균형 학습 목표	
듣기	원어민의 일상적인 말하기 속도(140WPM)를 소화해 낼 수 있음
말하기	30초 이상 영어로 발표할 수 있음
읽기	제시된 지문을 사전 없이 읽을 수 있음
쓰기	주어진 조건에 따라 3~5문장 정도 쓸 수 있음

듣기에서 말하는 WPM은 'Word Per Minute'의 약자입니다. 분당 말할 수 있는 단어 수를 뜻하지요. 즉 140WPM은 분당 140단어를 말하는 속도라는 뜻입니다. 보통 듣기평가에서 들려주는 약간 느린 듯한 말하기가 이 정도 속도입니다.

학습 순서는 우리말을 배울 때처럼 듣기→말하기→읽기→쓰기 순서가 바람직합니다. 많이 들어야 들은 것을 따라 말을 할 수 있고, 읽을 수 있어야 쓸 수도 있으니까요.

숫자로 관리하는 우리 아이 영어

초등 과정부터는 아이의 영어 실력을 숫자로 환산해 관리하는 것이 좋습니다. 물론 어떠한 숫자도 아이의 실력을 완벽하게 평가할 수는 없으니 특정 지수, 특정 레벨에 너무 얽매일 필요는 없습니다. 하지만 참고할 가치는 있습니다. 다양한 숫자들의 조합 안에서 아이의 진짜 실력을 가늠해 볼 수 있으니까요.

영어 관리를 위해 알아야 하는 숫자	
AR / Lexile	어느 정도의 읽기 수준인가?
TOEFL Primary	독해와 듣기 실력은 어느 정도인가?
Writing WC	몇 단어, 몇 문장 정도 쓸 수 있는가?
Grammar	실용 영문법을 갖추었는가?

AR은 'Accelerated Reader'의 약자로, 미국의 르네상스 러닝(Renaissance Learning)이라는 곳에서 개발한 독서 학습 관리 프로그

램에서 사용하는 레벨입니다. 책에 사용된 어휘의 난이도와 문장 길이 등을 고려해 0부터 12까지 총 13단계로 구성되어 있지요. 홈페이지(www.arbookfind.com)에 접속해서 책의 제목이나 저자의 이름을 검색하면 해당 책의 AR 지수를 확인할 수 있습니다.

　AR 지수의 장점은 책에 실려 있는 단어의 수, 난이도, 문화적인 내용 등을 평가해 적합성을 연령대별로 구분한다는 것입니다. 그래서 아이에게 책을 골라 줄 때 많이 활용하지요. 그러나 절대적인 기준은 아니므로 너무 권장 연령에 맞는 책만 고집할 필요는 없습니다. AR 지수보다는 오히려 페이지당 어휘 수를 더 중요하게 고려하는 게 좋습니다. 글밥이 너무 많은 책은 아이에게 부담스러울 수 있으니까요. 구슬이 서 말이라도 꿰어야 보배라고, 아무리 좋은 내용이라도 아이가 잘 안 읽는 어려운 책보다는 흥미롭게 읽을 수 있는 쉬운 책이 훨씬 낫습니다.

　렉사일 지수(Lexile measures)는 미국의 교육 연구 기관인 메타메트릭스(MetaMetrics)에서 개발한 독서 능력 평가 지수입니다. 지문의 구조적 난이도를 숫자로 나타내지요. 현재 미국 전역에서 다양한 읽기 프로그램에 활용되고 있으며 몇몇 주에서는 학생들의 영어 읽기 능력 평가에도 이용되고 있습니다. 홈페이지(www.lexile.com)에서 현재 아이가 읽고 있는 책이나 교재의 내용을 입력하면 그 글의 난이도를 렉사일 지수로 나타내 주기도 합니다. 다음과 같이 렉사일과 AR 지수를 연관시켜 생각할 수 있으니 참고하세요.

Lexile to Grade(AR) Chart

Age	Grade(AR)	Lexile
5~6	0~1	BR~50
7	1~3	50~550
8	3~4	550~700
9	4~5	700~800
10	5~6	800~900
11	6~7	900~975
12	7~8	975~1025
13	8 이상	1025 이상

이렇게 아이의 실력을 수치화해서 객관적인 지표로 이해하고 있지 않으면 했던 걸 되풀이하여 시키면서 시간과 에너지를 낭비하기 쉽습니다. 신체검사 후 아이의 키가 또래보다 작다면 어떻게 하시겠습니까? 성장 영양제를 준비하는 등 방법을 찾겠지요. 몸무게가 너무 많이 나가면 음식을 조절하거나 운동을 시킬 테고요. 마찬가지로 아이의 영어도 부족한 부분은 채우고 충분한 부분은 여유를 주면서 효율적으로 학습을 계획하기 위해서는 이렇게 수치화된 관리가 필요합니다.

우리 아이 신체 : 키 125cm, 몸무게 20kg

우리 아이 영어 : 렉사일 225, AR 1.6

초등 영어를 즐겁게

막연하게 공부만 계속하면 지루합니다. 중간중간 아이들이 도전할 수 있는 목표나 자기 실력을 점검할 수 있는 기회를 만들어 주세요. 그러면 훨씬 즐겁고, 의욕적으로, 성취감을 느끼며 영어 공부를 해 나갈 수 있을 것입니다. 다음은 초등 영어 과정에서 권장하는 활동들입니다. 지표로 삼으면 영어 실력을 알차게 채울 수 있을 것입니다.

초등 영어 권장 활동	
영어 인증 시험	대표적인 시험으로 iBT토플이 있음
영어 경진 대회	모듬 학습의 능력을 측정할 수 있음
책 읽기	시리즈로 이어지는 책을 정하여 진행하면 좋음
렉사일과 AR	아이의 읽기 수준을 알기 위한 평가 지표
단어 암기	Grade 1 수준의 어휘 이해도 평가. 사이트 워드도 가능함
꾸준한 쓰기	배운 내용 따라 쓰기. 초2까지는 따라 쓰기 책이 필요함

듣기, 말하기 학습법

듣기, 꼭 따로 챙겨 주세요

듣기는 모든 언어 공부의 기본입니다. 영어 또한 마찬가지지요. 제대로 들을 수 있어야 올바른 발음을 배우고 또 말할 수 있으니까요. 그래서 교재를 선택할 때 원어민의 음성이 제공되는 것으로 골라 낭독과 따라 읽기를 통해 먼저 듣는 귀를 여는 것이 중요합니다. 그런데 학원 등 외부에서는 내가 제대로 못 들었다고, 잘 안 들린다고 한 지문을 몇 번씩 반복하여 듣기 어렵습니다. 그래서 듣기 학습은 꼭 집에서 따로 챙겨 주는 것이 좋습니다.

• 대표 듣기 학습 방법

듣기에는 크게 두 가지 방법이 있습니다. 첫 번째는 '흘려 듣기'입니다. 아이들이 좋아하는 DVD나 유튜브의 콘텐츠 등을 통해 자연스럽게 영어에 노출되게 하는 것이지요. 유튜브에 따로 아이의 영어 듣기를 위한 재생목록을 만들어 두면 좋습니다.

두 번째는 '집중 듣기'입니다. 글을 읽으며 듣기를 함께 하는 것이지요. 손가락으로 내용을 짚어 가면서 듣거나 쉐도잉으로 따라 읽기도 합니다. 이렇게 듣기를 하면 아이가 문자와 소리를 연관 지어 읽을 수 있기 때문에 특히 학습 효과가 좋습니다. 집중 듣기를 도와주는 펜 같은 도구를 이용하면 더욱 효과적이지요.

집중 듣기가 효율적인 학습법이긴 하지만 그렇다고 만능은 아닙니다. 간혹 집중 듣기만 많이 하면 아이를 학원에 보낼 필요 없다고 여기는 사람들도 있는데, 그렇지 않습니다. 집중 듣기가 듣기, 말하기, 읽기 등에 큰 도움이 되는 것은 분명하지만 쓰기나 문법, 어휘 등은 따로 학습이 필요하기 때문입니다. 엄마표 영어라고 해서 엄마 혼자서 모든 것이 가능하다는 뜻은 아닙니다. 전문가의 역할이 필요한 부분을 정확히 인지하고 활용하는 것 또한 엄마표 영어의 중요한 영역입니다.

듣기를 잘하려면?

• 학년에 맞는 수준으로

듣기 교재를 선정할 때 너무 어려운 것은 택하지 마세요. 아무리 어려워도 여러 번 반복해서 듣다 보면 무조건 들린다? 아닙니다. 오히려 아이의 흥미와 자신감만 떨어뜨릴 뿐이지요. 만약 조금 어려운 교재에 도전한다면 미리 단어 뜻을 확인한 후에 듣는 것이 좋습니다.

• 재생도, 속도 조절도 스스로

음원 자료를 듣기 위해서는 스마트폰이나 태블릿, 노트북 혹은 세이펜 같은 장치가 필요합니다. 차츰 아이가 혼자서도 이런 장치들을 다룰 줄 알게 되어야 합니다. 그래야 엄마가 일일이 챙겨 주지 않아도 필요한 부분을 반복하거나 듣기 속도를 조절하며 혼자서 듣기 공부를 할 수 있으니까요. 요즘 아이들은 워낙 다양한 디지털 기기에 익숙하고 교재도 쉽게 잘 설명되어 나오는 편이라 별로 어렵지 않을 겁니다. 늦어도 초등 고학년 때부터는 혼자서 학습할 수 있도록 도와주세요.

• 받아쓰기부터 노트테이킹까지

그냥 듣고만 지나가면 들은 내용이 기억에 잘 남지 않습니다. 직접 써 봐야 합니다. 듣는 내용이 간단한 초급 단계에서는 들은 내용을 받아

쓰기해 보는 것이 좋습니다. 중급 단계에서는 빈칸 채우기, 고급 단계에서는 내용을 요약해 정리하는 노트테이킹이 도움이 되지요.

노트테이킹을 하면 요약할 주요 정보를 간추리는 동안 글의 내용도 잘 파악하게 되고 주어, 동사, 형용사, 목적어, 부사 등의 쓰임도 자연스럽게 익힐 수 있습니다. 그래서 노트테이킹은 계속해서 습관처럼 몸에 배도록 하는 것이 좋습니다.

• 교재는 오랫동안 베스트셀러에 머물고 있는 것으로

해마다 새로운 교재들이 쏟아져 나옵니다. 교재에 따라서는 새로운 트렌드를 반영해 가장 최신의 것을 사용해야 되는 것도 있지만 듣기 교재만큼은 오랜 시간에 걸쳐 좋은 책이라고 검증받은 스테디셀러를 선택하는 것이 좋습니다.

• 문제만? 해설지도!

듣기 문제를 풀 때에는 문제만 풀고 넘어가지 말고 해설지도 꼭 함께 확인하는 게 좋습니다. 답만 보고 넘어가기에는 좋은 내용들이 너무 많으니까요. 해설지를 보면 유용한 단어, 숙어도 접할 수 있습니다.

• 원서 오디오북은 꾸준히

원서 오디오북을 이용한 듣기 연습은 꾸준히 해야 유용합니다. 온라인 서점을 이용해 계속해서 흥미 있는 책을 찾아 들을 수 있도록 해 주세요.

따라 말하기 먼저

아이가 어릴 때 말문이 터지는 과정을 떠올려 보면, 보통은 부모의 말을 따라 하면서 시작됩니다. 영어도 마찬가지입니다. 영어로 말을 하기 위해서는 영어를 따라 말하는 것부터 시작해야 합니다. 이때 단순히 듣고 따라 하는 것이 아니라 글자를 보면서 원어민의 말을 따라 말하는 '쉐도잉(shadowing)'을 하는 것이 좋습니다.

따라 말하기에는 두 가지 장점이 있습니다. 첫째는 올바른 억양과 강세를 배울 수 있다는 것입니다. 말에는 글에서는 표현되지 않는 강세, 억양, 뉘앙스 등이 있습니다. 영어라고 이런 것들이 다 일정하지는 않습니다. 영어권 국가들도 저마다의 억양이 있고 사투리가 있지요. 다양한 이민자들 특유의 발음도 있고요. 그럼에도 불구하고 큰 문제없이 서로 의사소통이 가능한 것은 강세의 위치가 일정하기 때문입니다. 그래서 특히 올바른 강세를 익히는 것이 중요합니다. 억양도 마찬가지입니다. 기왕이면 영어도 사투리보다는 표준어를 익히면 더 좋겠지요.

이런 것들은 직접 듣고 따라 해 보지 않으면 배우기 어렵습니다. 더구나 우리말과 영어는 서로 다른 특징이 있는 언어입니다. 우리말은 음절의 길이에 따라 의사소통이 이루어지는 'syllable-timed language'인데 비해 영어는 강세의 위치와 길이에 따라 의미가 구분되는 'stress-timed language'라는 차이가 있는 것이지요. 즉 우리말은 소리의 길고 짧음으로 의미가 달라지지만 영어는 강세에 따라 의미나 품사가 달라진다는 것입니다. 이런 차이를 머리로만 이해해서는 내 것으로 체화할 수 없지요.

우리말(길이) : 잘한다! vs 잘~~한다!

영어(강세) : desert(명사/사막) vs desert(동사/버리다)

두 번째 장점은 아이의 불안감을 낮춰 준다는 것입니다. 사실 6~7세 또는 막 영어 공부를 시작한 초등학생에게 영어로 된 책을 소리 내어 읽어 보라고 하는 건 너무 부담스러운 일입니다. 특히 같이 공부하는 아이들이 있는 클래스에서나 부모님 앞에서는 더 긴장되겠지요. 이럴 때 세이펜을 이용하거나 음원을 재생시킨 뒤 따라 하기만 해도 된다고 하면 한결 부담이 덜합니다.

〈Oxford Reading Tree(ORT)〉처럼 따라 읽기를 위주로 하는 교재 같은 경우 stage 1, 2 때는 아이가 직접 단어를 읽는 것인지 그냥 소리

나는 대로 듣고 따라만 하는 것인지 헷갈릴 때도 많지만 크게 신경 쓸 필요 없습니다. 아는 단어는 읽고 모르는 단어는 그냥 소리만 따라 흉내 내면서 그렇게 계속 읽으면 됩니다. 중간에 아이가 다소 어물거리는 부분이 있어도 멈춰서 다시 읽어 보게 하거나 단어의 뜻을 물어보지 마세요. 아이의 집중력도 흐트러지고 자신감도 떨어지니까요.

이렇게 계속하다 보면 stage 3, 4쯤에서는 제법 스스로 읽는 비율이 늘어납니다. stage 6, 7쯤 되면 대부분 펜 없이도 어느 정도 읽을 수 있지요. 그래도 가능하면 stage 9까지는 따라 읽기를 계속하는 것이 장기적으로 보았을 때 더 좋습니다. 따라 읽기에 충분히 익숙해져야 혼자 읽는 것에도 부담이 훨씬 덜하니까요.

패턴을 활용한 말하기

따라 하기의 최고봉은 영상입니다. 영상 보기는 초등 과정에서도 얼마든지 활용할 수 있지요. 기왕이면 화면의 자막으로만 보는 것보다는 대본을 다운받아 출력해서 읽으며 보는 것이 좋습니다. 대본은 '제목+script'로 검색해서 찾을 수 있습니다. 다만 영상물 같은 경우 아이들이 과하게 시간을 빼앗기지 않도록 주의해야 합니다.

영상에 나오는 문장을 이용하면 말하기 연습을 재미있게 할 수 있습니다. 4~5개 정도의 단어로 이루어진 활용도 좋은 짧은 문장을 통째로 외워 패턴화한 다음 다양하게 응용해 보는 것이지요. 한동안 아이들이 엄청나게 따라 불렀던 〈겨울 왕국〉의 OST 'Do you want to build a snowman?'을 예로 들어 볼까요? 이 문장을 통째로 외운 다음 'snowman'을 다른 단어들로 교체해서 다양하게 활용할 수 있습니다.

Do you want to build a snowman?
                        sand castle?
                        paper airplane?

또 'build'라는 동사를 다른 동사로 바꿔 볼 수도 있지요.

Do you want to build a snowman?
                connect
                fold

이런 식으로 동사와 명사를 바꿔 가면서 만들 수 있는 새로운 표현의 수는 무궁무진합니다. 여러 개의 패턴을 사용하는 것보다는 하나의 패턴을 다양하게 응용하는 것이 좋습니다. 하나의 패턴에 3~4개 정도의 어휘를 활용해 보세요. 그렇게 만든 문장을 읽기도 하고 써 보기도 하면서 조금씩 더 길고 복잡한 문장으로 발전해 나갈 수 있습니다. 이 과정에서 주어와 동사, 시제, 지시대명사 등의 기본 체계를 이해할 수 있도록 가르쳐 주면 됩니다.

말할 수 있는 기회 만들기

패턴 학습을 한 다음에는 실제 그 말들을 사용하는 경험을 해 보는 것이 좋습니다. 그래야 기억도 오래가고 응용력도 늘어납니다. 아이가 배운 말을 써먹을 수 있는 상황과 기회를 만들어 주세요. 다양한 방법들 중 몇 가지를 소개합니다.

사람들 앞에서 발표하기	가장 가까운 가족들 앞에서 편하게 배운 것을 자랑할 수 있는 기회를 마련해 주세요. 영어로 말하는 모습을 영상으로 찍어 SNS에 올려 보는 것도 좋습니다. 다만 아이의 모습을 불특정 다수에게 공개하는 부분은 신중하게 결정해야 합니다.
마켓 놀이	과일과 야채 등의 스티커가 들어 있는 스티커북을 이용해 영어로 물건을 사고파는 마켓(Market) 놀이를 해 보세요.
영어로 배우는 수업	STEAM 수업, 영어로 하는 요리 수업, 영어로 배우는 예체능 등을 통해 영어로 소통하는 일에 익숙해지게 해 주세요.

이렇게는 하지 마세요

• 발음에 너무 집착하지 마세요

발음보다는 어휘와 문장력이 우선입니다. 영어는 하나가 아닙니다. 세상에는 수많은 영어가 있고 제각각 다양한 발음과 철자법이 사용되고 있지요. 억양과 강세를 바르게 익히는 것은 중요하나 미국식 또는 영국식 발음에 너무 집착할 필요는 없습니다.

물론 발음이 원어민에 가까울수록 좋은 것은 사실입니다. 아무래도 발음이 좋으면 말할 때 자신감도 더 생기겠지요. 하지만 발음은 천천히 교정해 나가도 괜찮습니다. 영어권 아이들도 어릴 때는 발음이 부정확하니까요. 소리가 새기도 하고 어려운 발음은 뭉개지기도 하지요. 그런데 우리 아이들에게 어릴 때부터 완벽한 발음을 기대하는 것은 무리입니다.

• 지나친 낭독은 금물!

소리 내어 따라 읽는 낭독은 읽기 연습, 말하기 연습으로 더없이 좋은 방법입니다. 요즘은 자신의 발음을 스스로 체크할 수 있는 앱들도 많이 개발되어 있어서 편하게 이용할 수 있습니다. 그렇게까지 하지 않더라도 쉐도잉만으로 충분합니다.

하지만 너무 오래 하면 지루하고 재미없습니다. 초등학생들이 영어 학습에 빨리 질리는 이유 중 가장 큰 비중을 차지하는 것이 바로 낭독입니다. 하루 3분으로도 충분합니다.

만약 낭독 연습을 길게 시키는 이유가 발음 때문이라면 초등학교 이후부터는 '조음점', 즉 소리가 나는 위치를 알려 주는 게 더 도움이 됩니다. 낭독을 많이 하면 발음이 어느 정도 개선되는 건 맞지만 조음점을 모르는 상태로는 정확히 발음하는 데 한계가 있습니다. 그리고 발음을 익히기 위한 낭독과 단순한 낭독은 뚜렷이 차이가 있습니다. 그러니 발음 연습용 책이 아닌 일반 책을 낭독하는 데는 더더구나 시간을 길게 투자할 필요가 없습니다.

읽기 학습법

AI 시대의 성공 열쇠

전통적으로 읽기는 중요한 지식 습득 수단으로 여겨져 왔지만, AI 시대에 들어서면서부터는 그 중요도가 더욱 커지고 있습니다. 예전에는 읽기 매체가 책, 신문 등으로 한정되어 있었지만 지금은 디지털 기기들의 보급으로 읽기가 일상이 되었고, 정보를 이해하고 해석하는 능력이 곧 경쟁력인 시대니까요.

그렇다면 읽기를 잘한다는 건 어떤 의미일까요? 글을 읽고 내용을 잘 이해하기만 하면 될까요? 지금은 한발 더 나아간 능력이 요구되고 있습니다. 바로 '문해력'이지요. 독해력이 글자의 뜻과 글의 내용을 이해하고 파악하는 능력이라면, 문해력은 그것을 바탕으로 필자의 의도를 파악하고 해석하는 능력입니다. 거기에 더해 '나'는 어떤 관점을 가지고 있나 고민하고, 주변 사람들과 대화할 수 있는 수준까지를 의미하지요.

그런데 2010년 이후 출생한 아이들은 코로나19로 인한 대면 소통 부족, 학습만화 범람, 영상물 시청 시간 증가 등으로 깊이 있는 이해력이 다소 떨어집니다. 주제와 세부 사항 파악 능력은 점점 좋아지는 반면 글쓴이의 의도를 이해하고 공감하는 능력은 저하되고 있는 것이지요. 그래서 문해력을 키우는 데 더 신경을 써야 합니다.

그럼 무조건 글만 많이 읽으면 문해력이 좋아질까요? 아닙니다. '어떻게' 읽는지가 중요합니다. 읽은 글에 대해 스스로 생각해 볼 수 있도록 질문을 통해 아이에게 도움을 주세요.

"무슨 내용이었니? 뭐에 대해 썼어?"

이런 질문으로는 단순한 내용 파악 외에 깊이 있는 사고가 어렵습니다.

"작가는 왜 이런 글을 썼을까?"

이렇게 내용에 대해 스스로 생각해 볼 수 있는 질문을 던져 주세요. 무조건 많이 읽는 것보다는 한 권을 읽더라도 깊이 있게 이해하는 과정을 거치는 것이 문해력, 공감 능력을 키우는 데 훨씬 나은 방법입니다.

어느 정도 글을 읽기 시작하는 6~7세부터는 차근차근 이런 훈련을 해 나갈 수 있습니다. 늦어도 초등 저학년부터는 시작하는 것이 좋겠지요. 아이와 함께 이야기책을 읽으며 아이가 영어로 된 책에 친숙해지는 것부터 도와주세요. 읽기를 시작하는 아이들을 위해서는 짧고, 쉽고, 예쁜 책이 좋습니다. 무엇보다 아이가 재미를 느끼는 책이 좋겠지요.

이야기책 종류	
Picture Book	글과 그림이 함께 있지만 그림이 서술의 대부분을 차지하는 책. 예를 들어 에릭 칼(Eric Carle)의 그림책
Readers Book	읽기 능력 향상을 위해 문장의 구조와 어휘 구성에 대한 체계를 갖춘 책. Oxford Reading Tree(ORT)가 대표적
Chapter Book	일반 소설의 형태지만 길이가 짧은 책. 읽기 습관을 발달시키는 데 효과적
Novels	'뉴베리상 수상작'과 같은 수식어가 붙는 소설을 추천

이야기책 읽기, 이렇게 지도하세요

• 책 읽기는 표지부터

아무 생각 없이 책을 읽었을 때보다는 기대와 호기심을 가지고 시작했을 때 훨씬 집중력도 높아지고 책에 대해서 할 이야기도 많아집니다. 책을 펼치기 전에 표지부터 함께 살펴보면서 다양한 이야기들을 나눠보세요. 주인공에 대해서 이것저것 추측을 하면서 어떤 내용일까, 결말은 무엇일까 등에 대해서 이야기해 본 다음 실제 책을 읽으면서 무엇이 예상과 들어맞았는지 살펴보는 것도 재미있을 것입니다. 아이보다 먼저 책을 읽고 예상되는 질문이나 호기심에 대비해 두는 것도 아이와의 책 읽는 시간을 조금 더 알차게 만드는 데 도움이 됩니다.

• 아이를 읽기의 중심으로

아이가 자신감을 가지고 있을 때 읽기에도 적극성을 띠고 배움에 대한 의지도 강해집니다. 아이에게서 자신감과 적극성을 끌어내기 위해서는 약간의 연기가 필요하지요. 아이와 함께 책을 읽을 때는 아이가 잘 따라올 수 있도록 일부러 천천히 읽고, 가끔씩 아이 앞에서 실수를 해도 좋습니다. 잘못 읽은 단어를 아이가 지적하고 바로잡을 수 있는 기회를 주는 것이지요. 이런 방식은 집중력을 높이고 적극성을 끌어올려 아이를 읽기의 중심으로 끌어오는 효과가 있습니다. 아이가 잘 모를 것 같은 단어나 어려워하는 기색을 보이는 단어는 실수인 척 슬쩍 먼저 읽어 주세요. 흐름이 끊어지지 않고 한 번에 읽기를 끝내는 것이 더 성취감을 주니까요.

아이들이 발음을 틀리거나 모르는 단어 앞에서 머뭇거릴 때 너무 예민하게 지적하지 마세요. 실수를 두려워하면 소극적인 아이가 됩니다. 실수 때문에 위축되지는 않되, 같은 실수를 계속 반복하지 않도록 차분하게 지도해 주세요. 읽기 전에 어려운 단어를 미리 알려 주면 아이가 조금 더 자신 있게 글을 읽어 나갈 수 있습니다.

• 손가락을 이용하세요

처음 읽기를 시작할 때는 손가락으로 단어를 짚어 가며 읽는 것이 좋습니다. 그냥 눈으로만 글을 읽게 하면 간혹 단어를 빼먹고 건너뛰는 경우가 생깁니다. 손가락 짚기를 이용하면 이런 실수를 줄일 수 있지요. 또 글의 내용에 조금 더 집중할 수 있습니다. 부모님도 아이와 함께 손가락 짚기를 하는 게 좋습니다. 아이에게 함께 읽고 있다는 느낌을 주는 효과도 있고 또 아이가 읽기를 힘들어하는 단어가 나오면 언제든 도움을 줄 수 있으니까요.

• 질문은 아이의 흥미 순으로

무슨 이야기를 읽었든 오로지 '그래서, 교훈이 뭐지?'와 같은 질문을 기계적으로 하는 것은 좋지 않습니다. 아이의 흥미와 관심에 맞춘 질문으로 대화를 이끌어 가면서 자연스럽게 필자의 의도를 읽어 내고 형성할 수 있도록 해야 합니다. 질문을 할 때 반드시 이야기의 순서에 따를 필요는 없습니다. 아이가 가장 관심을 가지는 것부터 질문하는 것이 효과적입니다.

논리보다는 대화의 흐름을 유지하는 것이 우선시되어야 합니다. 아이들은 종종 어른들이 기대한 대답이 아닌 엉뚱한 소리를 하기도 합니다. 틀린 것을 맞다고 우기며 억지를 쓰기도 하지요. 아이들은 아직 사고가 자기중심적이므로 본인 기준에서는 그게 최선을 다한 생각일 수도 있습니다. 너무 정답만 강요하지 말고 적당히 물러서서 아이가 이기도록 배려해 주세요. 굳이 아이의 마음을 상하게 하면서 당장 정답을 알려 줘야 될 필요는 없습니다. 나중에 아이가 자문해졌을 때 다시 찬찬히 설명해 주어도 괜찮습니다.

그러니 뜬금없는 호기심을 보이거나 맥락에서 벗어난 소리를 하더라도 대화의 분위기를 통제할 수 있는 선에서 어느 정도 받아 주는 것이 좋습니다. 호기심이 충족되지 않으면 생각이 그쪽으로 계속 흘러 아이가 대화에 집중하지 못할 테니까요.

또 그런 이야기들이 당장은 방해가 되는 것 같더라도 장기적으로 보면 아이의 창의성을 발달시키는 원동력이 될 수 있습니다. 자유로운 대화로 호기심을 충족시킨 즐거운 경험은 읽기에 대한 긍정적인 인상을 남겨 읽기를 즐거운 활동으로 인식하게 만들 것이고요.

만약 아이가 읽은 내용에 대해 이야기하기 어려워한다면 책에 있는 그림으로 대화를 시작하는 것도 좋은 방법입니다.

이야기책에서 독해책으로

이야기책과 독해책은 읽는 목적이 다릅니다. 이야기책은 읽기의 즐거움을 깨치고 자기표현을 익히는 게 목적이지만 독해책은 글을 읽고 정보를 파악해야 하니까요. 그리고 읽은 정보를 분석하고 합성하거나 논리정연하게 나열할 수도 있어야 합니다. 이런 차이를 알려 주지 않으면 계속 이야기책 읽듯이 독해책을 읽게 됩니다. 그러면 당연히 독해 점수도 제대로 나오지 않겠지요.

독해책에서는 요구하는 사항들이 있고 반복되는 기본 문제의 유형들이 있습니다. 문제의 유형을 안다면 어떤 책이나 지문도 문해력 확장을 위해 활용할 수 있지요.

독해 문항 기본 유형

1. 주제문 & 제목 구분 문항 (Main idea & Title)
2. 세부 사항 & 아닌 것을 구분하는 문항 (Detail)
3. 지시어의 의미를 파악하는 문항 (Referents)
4. 어휘 문항 (Vocabulary)
5. 순서 나열 & 끼워 넣기 문항 (Order & Insertion)
6. 지문 요약 문항 (Summary)

따라서 독해책을 읽은 다음에는 이 문제의 유형들에 맞추어 질문을 하는 것이 좋습니다. 초등학교 1학년부터 3학년까지는 1~4번 유형의 문항만, 4학년부터는 모든 유형의 문항을 활용하세요. 이렇게 유형에 맞추어 꾸준히 질문을 하고 답변을 정확히 하려는 노력을 계속하면 반드시 문해력 상승이라는 성과가 나타날 것입니다.

독해 공부 팁

• 어휘 지도는 다각적으로

글에 나온 단어만 배우고 넘어가지 말고 그 단어를 중심으로 어휘를 다양하게 알려 주세요. 그 단어가 여러 가지 의미를 지닌 다의어라면 나머지 의미들도 배우고, 같은 뜻을 지닌 다른 단어, 즉 동의어와 반대되는 뜻을 지닌 반의어도 함께 공부하는 것이지요. 이렇게 하면 어휘들이 서로 유기적으로 연결되며 자연스럽게 어휘가 확장됩니다.

• 독해책은 이렇게 고르세요

독해책은 읽기책과 용도가 다른 만큼 확실하게 구분해서 사용해야 합니다. 하지만 교재를 선택할 때는 읽기책과 마찬가지로 세월이 증명한 스테디셀러로 선택하는 편이 좋습니다. 좋은 교재일수록 어려운 질문 유형을 쉽고 창의적인 방법으로 아이의 학습 연령에 맞추어 다루고 있으니까요.

그리고 적어도 중학교 과정까지는 그림이 있는 독해책이 좋습니다. 그림이 있으면 새로운 개념을 이해하는 데 도움이 됩니다. 그래서 토플 시험에서도 그림을 적극적으로 활용하고 있지요.

또 아무리 독해책이 재미로 읽는 책이 아니라고는 하지만 아이가 지문을 너무 지루해하고 흥미를 느끼지 못하면 학습 효과도 크게 기대할 수 없습니다. 그러니 기왕이면 아이가 좋아할 만한 지문을 포함하고 있는 교재로 선택하고, 학습 상황을 보아 필요하다면 교재를 바꿔 주는 것도 괜찮습니다.

· **틀려도 괜찮아**

초등 과정까지는 영어에 대한 자신감과 도전 정신을 기르는 것이 제일 중요합니다. 그러니 독해 문제를 풀어서 틀리더라도 아이가 부담을 느끼거나 자신감을 잃지 않도록 배려해야 합니다. 오답이 발생하는 이유를 분석하여 다음에 같은 유형의 문제를 풀 때는 미리 살짝 힌트를 주는 것도 괜찮은 방법입니다.

· **꿀팁! 제스처미러링**

누군가에게 집중을 하다 보면 자기도 모르게 그 사람의 행동을 따라 하게 되는 경우가 있지요. 이런 것을 '제스처미러링'이라고 합니다. 그래서 제스처미러링은 내가 상대에게 집중하고 있다는 것을 표현하는 가장 좋은 방법 중 하나이기도 하지요. 아이와 대화할 때 이 제스처미러링을 자연스럽게 이용하세요. 아이의 집중력과 의욕이 크게 상승하는 것을 느낄 수 있을 것입니다. 아이들은 어른이 자신의 말을 들어 준다고 생각하면 존중받고 있다는 느낌에 왠지 어깨가 으쓱해지고 더 잘하고 싶은 마음이 생기니까요.

쓰기 학습법

일찍 시작하면 좋은 쓰기

영어교육의 마지막 관문이자 정점은 언제나 쓰기입니다. 앞으로도 입시 체계가 어떻게 바뀌든 이 사실은 변하지 않을 것입니다. 쓰기는 자신의 지식과 사고 수준을 종합적으로 표현할 수 있는 가장 좋은 방법이니까요. 이 사실을 모르는 부모님은 없을 것입니다. 문제는 쓰기 교육을 언제부터 시작하느냐겠지요.

저는 쓰기를 비교적 일찍 시작시키고 또 쓰기 교육에 비중을 많이 두는 편입니다. 물론 그렇다고 해서 3~4세 때부터 당장 연필을 잡고 글씨를 쓰게 하지는 않습니다. 아이에게 크게 무리가 되지 않도록 모국어를 익히듯 자주 보고 듣고 따라 하며 서서히 익숙해지는 방식을 택하고 있지요.

유아 때부터 쓰기를 강조하는 이유는 크게 세 가지입니다. 첫째는 쓰기를 하면 기억이 오래가기 때문입니다. 천천히 글씨를 써 보는 동안 배운 것을 되새길 수도 있고, 또 손에 전해지는 자극이 더해져 눈, 귀, 입으로만 영어를 익히는 것보다 기억이 더 선명해집니다.

두 번째는 학습 시간이 길어진다는 것입니다. 물론 무조건 오래 공부한다고 다 좋은 건 아니지만 공부하는 습관을 잡아 가야 하는 시기에는 5분, 10분이라도 집중해서 할 수 있는 일이 학습 시간을 늘리는 데 큰 역할을 합니다.

세 번째는 학습을 다양하게 할 수 있다는 것입니다. 쓰기를 시작하면 알파벳, 혹은 파닉스를 익힐 수 있는 다양한 워크시트들을 활용할 수 있습니다. 점선을 따라서 써 볼 수도 있고, 글자 모양에 색칠을 하거나 줄 긋기를 해 볼 수도 있지요. 보다 폭넓게, 지루하지 않게 영어를 학습할 수 있게 된다는 것입니다.

사실 유아 때 쓰기를 시작하는 게 쉬운 일은 아닙니다. 조금 버거울 수도 있지만 쓰기를 통해서 얻을 수 있는 것이 이렇게 많기 때문에 가능하다면 쓰기를 조금 일찍 시작하는 것이 좋습니다.

단어 3개로 시작하는 쓰기

쓰기를 시작해서 어느 정도 단어를 익혔으면 아이와 함께 문장을 만들어 볼 수 있습니다. 단어에서 문장으로 넘어가는 연습을 할 때는 절대 많은 단어를 쓰지 마세요. 주어, 동사, 사물 이름 등 세 단어 정도면 충분합니다.

이때 약간의 도구를 이용하면 더 재미있게 문장 만들기를 할 수 있습니다. 종이컵 3개와 아이스크림 막대처럼 생긴 편평한 나무 막대 여러 개를 준비합니다. 나무 막대를 세 종류로 나누어 각각 주어, 동사, 사물 이름을 적은 후 3개의 종이컵에 담습니다. 그런 다음 각각의 컵에서 무작위로 나무 막대를 하나씩 꺼내서 다양한 조합의 문장을 만들어 보는 것이지요. 익숙해지면 형용사, 부사 등 품사를 확장하며 종이컵 개수도 함께 늘려 가면 좋습니다.

쓰기라고 해서 무조건 필기구를 잡고 손으로 쓰는 것부터 해야 하는 것은 아닙니다. 이렇게 다양한 방법으로 문장들을 만들어 본 다음 그 문장들을 따라 쓰며 지루하지 않게 공부를 시키는 것도 요령입니다.

영어 일기, 이렇게 지도해 보세요

쓰기 실력을 향상시키는 데는 일기만 한 것이 없습니다. 하지만 영어 일기를 영어 공부를 위한 도구로만 생각하면 장기간 계속하기가 힘듭니다. 일기를 쓰는 본연의 이유와 함께 일기 쓰기를 가르쳐 주세요. 영어 일기장을 아이와 생각을 나누는 소통의 장으로 활용하시면 더욱 좋습니다.

아이의 영어 일기를 볼 때 절대 길이에 집착하지 마세요. 한 페이지에 내용이 한 줄뿐인 픽처북을 읽는 아이에게 일기를 세 줄, 네 줄 쓰게 할 수는 없지요. 중요한 것은 아이의 속도에 맞추는 것입니다. 한 문장, 혹은 두세 문장도 얼마든지 일기가 될 수 있으니 아이에게 길이로 부담을 줄 필요가 없습니다. 대화를 통해 일기에 채울 내용을 일깨워 주거나 혹은 일기에 쓸 만한 이벤트를 만들어 주는 것도 좋지만 딱히 쓸 내용이 없는 날에는 간단한 한두 줄로 마무리해도 상관없습니다. 꾸준히 쓰다 보면 어떤 날은 칸이 부족할 만큼 쓸 말이 넘쳐 나는 때도 있을 테니 너무 조급하게 생각하지 마세요.

지금부터 소개하는 영어 일기 쉽게 시작하는 팁을 참고하여 아이와 함께 영어 일기 쓰기에 도전해 보세요.

• 처음에는 엄마 아빠가

영어로 일기를 쓰는 것 자체가 어렵지만 무슨 내용을 써야 하는지도 아이를 상당히 부담스럽게 합니다. 무작정 아이에게 오늘 있었던 일을 쓰면 된다고만 하지 말고 그날 일을 아이와 함께 이야기해 보세요. 자연스러운 대화를 통해 아이의 생각이나 느낌을 관찰한 후 '그럼 그걸 일기로 써 볼까?' 제안하는 것입니다. 이때 제목부터 정하고 일기를 쓰는 것도 요령입니다. 제목이 있으면 내용을 체계적으로 정리하는 데 도움이 되니까요. 그런 다음 아이가 영어로 표현을 하면 엄마 아빠가 그 내용을 받아서 적어 주는 것이지요.

이런 식으로 짧으면 일주일, 길게는 한 달 정도 함께 일기를 쓰며 차차 혼자 해 나갈 수 있도록 유도하면 됩니다. 이렇게 '혼자'가 아닌 '함께' 쓰는 방식으로 시작하면 부담 없이 훨씬 쉽게 영어 일기에 적응할 수 있습니다.

• 일기의 틀을 잡아 주고 직접 쓰게 하세요

받아써 주는 기간이 어느 정도 지난 후에는 아이가 스스로 써야 합니다. 하지만 갑자기 혼자서 쓰려면 막막하니 어느 정도의 틀은 계속 함께 잡아 주는 것이 좋습니다. 영어 일기를 받아써 줄 때와 마찬가지로 대화를 하며 일기에 쓸 내용을 대충 정한 뒤 첫 문단과 둘째 문단을 어떻게 쓰면 좋을지, 혹은 첫 번째 문장과 두 번째 문장을 어떻게 시작할지 이야기해 주는 것입니다. 일기를 시작하는 첫 줄만 함께 써 주는 것도 괜찮습니다. 이런 과정을 거치면서 천천히 아이가 스스로 쓰는 문장을 늘리도록 해 주세요.

• 일기 쓰는 시간은 규칙적으로

일기 쓰는 습관이 몸에 배려면 일과가 비교적 규칙적인 것이 좋습니다. 규칙적인 일과 속에 일기 쓰기를 포함시키고 시간이 되면 일기 쓰는 것을 당연하게 생각하게 하는 것이지요. 매일 영어 일기를 성의 있게 봐 주고 폭풍 칭찬으로 격려해 주는 것도 잊지 마세요. 엄마의 칭찬은 아이에게 가장 훌륭한 원동력입니다.

• 채점하듯 교정하지 마세요

아이가 일기를 직접 쓰기 시작했다면 글의 양이 어느 정도 늘어날 때까지 최소 6~7개월 동안은 너무 채점하듯 이것저것 교정하지 말고 아이가 쓰는 대로 그냥 두세요. 대소문자, 쉼표, 마침표, 띄어쓰기 정도만 점검하고 나머지는 거슬리더라도 꾹 참고 그냥 흐린 눈으로 지나가야 합니다. 일기 쓰기가 문법 시간이 되면 안 되니까요. 그리고 아이가 겨우 두세 문장 쓸 때 그걸 교정하느라 신경 쓰는 것보다 열 문장, 스무 문장 쓰게 됐을 때 한 번에 잘못된 부분을 바로잡아 주는 것이 학습적인 면에서도 훨씬 효과적입니다.

영어 일기는 영어 실력을 늘리는 학습법이기도 하지만 아이가 스스로의 하루하루를 기록해 나가는 성장의 흔적이기도 합니다. 어느 순간 글의 양이 늘어나면서 표현도 풍부해지고 문장도 점점 정확해지며 발전하고 있는 것이 보일 것입니다.

• 애정 어린 코멘트를 달아 주세요

영어 일기에서 아이의 영어 실력만 보지 말고 아이의 생각과 마음을 느껴 보세요. '너는 이렇게 생각했구나, 엄마는 이렇게 생각했는데' 같은 코멘트를 남겨 서로 의견을 나누거나 공감을 표하는 공간으로 활용하면 아이가 조금 더 행복하게, 즐거운 마음으로 일기를 쓸 수 있을 것입니다. 코멘트는 한글도 괜찮지만 가능하다면 아이가 이해할 수 있는 간단한 영어를 사용하면 더 좋습니다. 영어 대 영어로 소통한다는 기분을 느끼게 해 주는 것이지요. 특히 칭찬을 할 때는 'Great job!', 'That was interesting!' 정도의 간단한 영어 표현을 활용하는 게 좋습니다.

• 한 페이지를 채울 수 있게 노트를 구성해 주세요

처음 영어 일기를 쓸 때는 내용이 길지 않습니다. 한두 문장으로 끝나는 일기도 많겠지요. 그래도 일기는 하루에 한 페이지씩 쓰는 것이 좋습니다. 나중에 찾아보기도 좋고 아이도 훨씬 성취감을 느끼니까요.

쓸 내용이 많지 않을 때는 글씨를 크게 써서 공간을 채우면 됩니다. 아니면 남는 공간에 그날 배운 단어를 쓰거나 일기와 관련된 그림을 그릴 공간, 코멘트를 남길 칸을 만드는 방법도 있습니다.

초등 저학년까지 영어 일기가 어느 정도 몸에 익으면 다음 단계는 에세이 쓰기입니다. 영어 일기가 초등 쓰기의 가장 기본적인 형태라면 에세이는 쓰기의 정점이라고 할 수 있지요. 에세이는 사고력을 확장하고 설득력을 키우는 가장 빠른 방법이자 영어 능력의 종합적인 평가를 위해 자주 활용되는 방법입니다. 따라서 상위권이 되기 위해서는 반드시 쓰는 법을 공부해야 합니다. 이런 점을 생각해서 일기 쓰기를 지도할 때도 기왕이면 아이가 자신의 생각을 논리적으로 표현할 수 있도록 도와주고, 적극적인 칭찬을 통해 아이가 노력에 대해 보람을 느끼게 해 주는 것이 중요합니다.

3부

윤기은 선생님의 탄탄 수학 전략

수학

MATHEMATICS

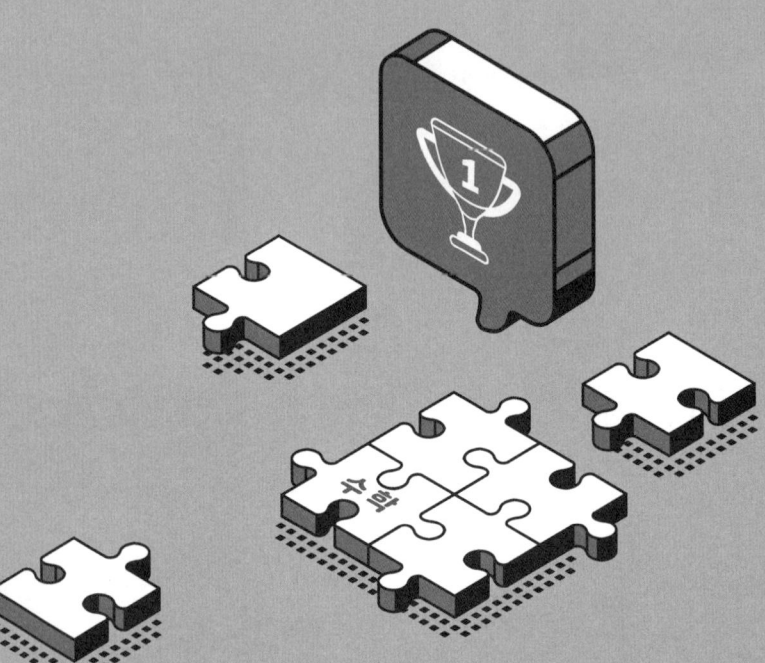

제대로 알고
시작하는
사고력 수학

사고력 수학에 대해 얼마나 아시나요?

요즘 유아, 초등학생 자녀를 둔 학부모님 중에서 '사고력 수학'이라는 단어를 못 들어 본 분은 거의 없을 겁니다. 심지어 자녀가 현재 사고력 수학을 학습하고 있는 경우도 상당히 많은 것으로 알고 있습니다. 그런데 정작 학부모님 중에서 어릴 때 사고력 수학을 직접 배운 경험이 있는 분은 얼마나 될까요? 언제부터인가 수학교육에서 하나의 장르처럼 자리 잡은 사고력 수학이란 도대체 무엇일까요?

사고력 수학은 학교 교육과정에서 지정해 놓은 과정이 아니기 때문에 학습을 했더라도 성취도 수준을 체크해 볼 만한 근거가 없습니다. 그뿐만 아니라 정해진 커리큘럼이 있는 것도 아니어서 학습의 진행 상태조차 객관적으로 평가해 볼 수가 없습니다. 또한 배우는 수학적 주제나 내용 또한 너무나 다양해서 어떤 점에서 학업에 도움이 되는지 명확하게 알 수 없습니다.

이렇듯 사고력 수학이라는 새로운 영역의 수학 학습을 자녀에게 도움이 될 것이라는 막연한 믿음만 가지고 그 본질을 제대로 파악하지 못한 채 교육하고 계신 분이 적잖을 것 같습니다. 사고력 수학에 대해 알기 위해서는 수학이라는 학문의 특성을 정확하게 이해하는 것이 우선이라고 생각합니다.

독일의 에른스트 쿠머는 '페르마의 마지막 정리'를 증명하는 과정에서 '정수론'의 기반을 마련한 것으로 유명한 수학자입니다. 또 계산을 잘 못하는 수학자로도 유명하지요. 강의 중에 '7×9' 같은 간단한 곱셈도 머뭇거렸다고 합니다. 컴퓨터 그래픽 분야에서 널리 응용되는 '프랙털'을 정의한 수학자 브누아 망델브로도 구구단조차 제대로 못 외웠다고 하고요. 이런 유명한 수학자들의 재미난 이야기는 수학의 본질이 결코 계산이 아니라 논리적인 사고 그 자체에 있다는 것을 알려 줍니다.

수학을 잘한다는 것은 무엇을 의미할까요? 기존에 학습한 내용과 비슷한 문제를 빠르고 정확하게 풀어내는 것 역시 중요하지만 실질적으로는 그 이상의 능력을 필요로 합니다. 실제로 수학 문제의 난이도가 높아질수록 암기한 공식을 이용해 식을 세우고 주어진 수를 대입하는 단순한 방식으로는 해결이 힘들어집니다. 스스로 문제를 분석하고 해결할 수 있는 다양한 방법들 중에서 가장 적절한 전략을 세워 계획적으로 끝까지 풀어낼 수 있어야 합니다. 그러기 위해서는 문제에 논리적으로 접근해 비판적으로 사고하고 창의적인 발상으로 해결책을 고민할 수 있는 능력, 즉 사고력이 필요합니다. 그런 수학적인 사고력을 키우기 위해 도구로 사용되는 것이 바로 사고력 수학이고요.

보통 사고력 수학을 심화 문제와 연결 짓는 경우가 많습니다. 심화 문제를 잘 풀기 위해 사고력 수학을 해야 한다고 생각하는 것이지요. 사고력 수학이 심화 문제를 해결하는 데 도움을 주는 요소들을 가지고 있는 것은 분명하지만, 학습한 결과가 반드시 점수 상승으로 이어지는 것은 아닙니다. 많은 학부모님들이 이 점을 기대하고 사고력 수학을 시키지만 생각보다 아이의 심화 문제 해결력이 늘지 않는 것을 보고 실망을 합니다. 사고력 수학은 그보다는 문제를 보는 시각을 넓히고, 다양한 접근법을 고민하는 능력을 기르는 학습이라고 생각해야 합니다.

학교 시험에 출제되는 대다수의 수학 문제는 적당한 훈련과 연습을 통해 어느 정도 수준까지는 실력을 쌓을 수 있습니다. 특정 유형의 문제는 비슷한 문제를 많이 접하다 보면 확실히 푸는 실력이 느니까요. 하지만 처음 보는 유형의 문제를 만났을 때는 이야기가 다릅니다. 스스로 문제에 대한 접근법을 고민하고 해결 전략을 세워 본 경험이 적은 아이들은 벽에 부딪힐 수밖에 없지요. 그 벽을 넘어서기 위해서 필요한 것이 바로 수학적 사고로 '문제 이해-조건 분석-계획 수립-실행'의 과정을 끊임없이 반복하여 결국 원하는 정답까지 도달하는 것입니다.

따로 배우지 않고도 처음부터 수학적으로 사고하는 능력을 지닌 아이들도 있지만 대부분의 아이들은 이런 사고를 훈련하지 않고 스스로 터득하기 어렵습니다. 다양한 접근과 시도를 두려워하지 않고 문제 해결에 초점을 맞춰 사고하는 일련의 과정은 몇 번의 배움으로 얻어지는 것이 아니라서 오랜 기간 동안 꾸준하게 반복해야만 합니다. 또한 일반적인 개념 학습이나 응용 학습을 통해 이런 능력을 성장시키기에는 분명 한계가 있기 때문에 사고력 수학을 통해 수학적으로 사고하는 방법을 배우는 데 학습의 의미를 두는 것이 좋습니다.

지금부터 사고력 수학을 배우면서 얻을 수 있는 몇 가지 장점에 대해서 좀 더 구체적으로 말씀드리겠습니다.

첫 번째로 수학에 대한 긍정적인 인식이 생깁니다. 대부분 연산으로 처음 수학을 접하기 때문에 아이들은 수학에 대한 이미지를 정확한 계산을 통해 값을 도출해 내는 반복적인 훈련이라고 느낍니다. 또 맞고 틀리는 부분에 있어서 스트레스를 받기도 하고 동일한 내용을 여러 번 반복함에 있어서 지루함을 느끼기도 합니다. 한 아이는 크리스마스 소원으로 밀린 연산 교재 버리기를 빌었다고 하더라고요. 이런 상황에서 사고력 수학을 접하면 그 내용이나 방법에 있어서 신선하고 재미있을 수밖에 없습니다. 왜냐하면 그동안 경험한 수학 공부가 개념을 일방적으로 전달받고, 그것을 잘 해내야 하는 것이었다면 사고력 수학은 스스로 해 보고, 만져 보고, 찾아내는 학습이기 때문입니다. 주도적으로 수학에 접근하다 보면 수학에 대한 관심이 쌓이고, 그 관심이 실력으로 이어지면 자신감이 붙으니까 자연스럽게 가장 자신 있는 과목, 좋아하는 과목으로 수학을 받아들이게 됩니다. 하지만 그렇다고 과하게 욕심을 부리면 역효과가 날 수도 있으니 조심해야 합니다. 무리한 수준의 교재, 학습량 증가, 특히 아이가 해결하지 못한 문제에 대한 방치 등으로 아이에게 부담을 준다면 오히려 수학에 대한 거부감이 커질 수 있으니 대화를 통해 아이와 지속적으로 교감하며 적절하게 단계를 밟아 가는 게 좋습니다.

두 번째 장점은 수학적 사고 능력을 단계적, 체계적으로 향상시킬 수 있다는 것입니다. 이는 다양한 수학적 활동을 통해 지식을 직접적으로 체험하며 익히기 때문에 가능한 것이지요. 또한 학습 속도도 점점 빨라집니다. 단순 암기로 문제를 해결하는 것이 아니라 문제의 수학적 배경을 이해하고 스스로 그 원리를 찾는 과정을 통해 수학을 익히니까요. 지식이 쌓이고 원리에 대한 이해가 높아질수록 다음 단계에 대한 이해가 쉬워지는 것이지요.

사고력 수학을 하면 창의적 사고 능력과 비판적 사고 능력이 향상되어 고차적인 사고가 가능해진다는 것도 장점입니다. 이는 비단 수학뿐만 아니라 사고 능력이 필요한 모든 상황에 영향을 미치지요. 다양한 분야, 다양한 문제에 대해 논리적이고 합리적인 접근을 통해 현명한 판단을 내릴 수 있게 되는 것입니다.

이런 고차적 사고는 미래에도 중요한 영향을 미칩니다. 행정 고시나 입법 고시, 외교관 후보자 선발 시험(외무 고시 대체) 등의 공무원 필기시험이나 법학 적성 시험(LEET) 같은 시험에서도 꼭 필요하니까요.

예를 들어 공무원 채용 시 실시하는 공직 적격성 평가(PSAT)의 경우를 살펴볼까요? PSAT의 평가 영역은 '언어 논리', '자료 해석', '상황 판단' 세 가지로 구분됩니다. 그중 수험생이 가장 어려워하는 영역은 다양한 형태의 자료를 해석 및 데이터화하는 종합 수리 능력을 평가하는 '자료 해석'이고요.

법학 적성 시험(LEET)은 '언어 이해', '추리 논증', '논술'로 구성됩니다. 그중 '추리 논증'은 가장 고차적 사고를 요하는 영역이지요. 그런데 '추리 논증' 영역의 기출문제를 보면 이런 문제에서 요하는 고차적 사고력의 뿌리가 초등 사고력 수학 문제에 있다는 걸 확인할 수 있습니다.

이런 고차적 사고는 결코 짧은 순간에 만들어지지 않습니다. 어릴 때부터 꾸준히 훈련하는 것이 중요하지요. 어릴 때 사고력 수학을 따로 배우지 않은 아이가 교과 수학을 통해 사고력을 높일 수 있는 방법을 몇 가지 소개하면 다음과 같습니다.

교과 수학을 통해 사고력을 높일 수 있는 방법	
매 단원마다 심화 문제 꼭 풀고 넘어가기	단원마다 반드시 관련된 심화 문제를 풀어 보아야 합니다. 심화 문제는 다양한 단계를 거쳐야 문제를 해결할 수 있는데 스스로 전략을 짜고 조건을 활용해 보는 일련의 과정이 수학적 논리력을 향상시킬 수 있기 때문입니다.
문장제 문제 풀기	문장제 문제를 풀 때는 자신만의 언어로 문제를 해석하고 표현하는 연습을 하는 것이 좋습니다. 이때 문제의 해석을 도와주는 도구로 표 그리기, 그림으로 표현하기, 규칙 발견하기 등의 방법을 상황에 맞게 활용할 수 있도록 풀이의 가이드를 잡아 주는 것이 중요합니다.
오답 분석하기 (메타 인지 키우기)	오답 노트를 작성할 때 반드시 틀린 이유를 함께 기록하여 어느 부분에서 틀렸는지 꼭 짚고 넘어가야 합니다. 이때 단순 연산 실수에 의한 오답보다는 다른 이유로 틀린 문제들만 분석해 보는 것을 추천합니다.
풀이 확인하기	틀린 문제는 정답과 비교해 보며 자신이 왜 틀렸는지를 확인하지만, 대부분 맞은 문제는 그냥 넘어가는 경우가 많습니다. 하지만 정답인 문제도 해답지의 풀이와 자신의 풀이를 비교해 보아야 합니다. 자신의 풀이가 해답지의 풀이와 같다면 스스로의 실력에 대한 자신감이 생길 것이고, 다르다면 두 풀이 과정을 비교하면서 논리력과 응용력을 향상시킬 수 있기 때문입니다.

올바른 교구 활동의 모든 것

교구 활동, 왜 필요할까요?

사고력은 다양한 문제 상황을 접하고 그것을 해결하기 위해 다각도로 고민해 보는 과정에서 자연스럽게 길러집니다. 이때 문제 상황을 이해하고 해결 방법에 좀 더 쉽게 접근하도록 도움을 주는 교구가 많이 사용됩니다. 교구는 문제에 대한 직접적인 해결책을 찾는 것 외에도 수학적인 개념을 이해하는 데 도움을 줍니다. 교구 활동에 정해진 시기는 없지만 주로 4~7세에 하는 것을 추천합니다. 고정 관념이 자리 잡기 이전이라 유연한 사고를 길러 주기 좋고, 교구에 대한 흥미도 높을 시기이기 때문입니다.

그러나 이 시기가 지났다고 해서 교구 활동이 의미 없는 것은 아닙니다. 교구 활동의 목적은 수학적인 개념을 구체화하고 직관하는 데 있으니까요. 즉 직접 눈으로 보고 손으로 만져 보면서 수학적인 감각을 익히게 한다는 측면에서 늦게라도 경험을 해 보는 것이 좋습니다.

그렇다면 어떤 종류의 교구를 활용하는 것이 좋을까요? 가장 먼저 추천하는 것은 '입체'를 경험할 수 있는 교구들입니다. 교과서를 비롯한 모든 교재는 평면이지요. 따라서 입체도형들도 평면 위에 표현할 수밖에 없습니다. 입체도형에 대한 감각이 부족한 아이들에게는 이를 다시 입체로 바꾸어서 이해하는 것이 쉽지 않습니다. 그 과정에서 착시나 왜곡이 일어나기 쉬우니까요. 따라서 구체적 물건을 활용하여 도형이 가지는 고유의 성질을 이해하고 그것을 바탕으로 평면에 그려진 도형을 분석하게 해야 도형에 대한 어려움을 덜 느끼게 될 것입니다.

이때 주어진 입체도형의 모습을 직관적으로 떠올릴 수 없다면 점선과 실선을 바탕으로 머릿속에서 평면을 입체로 그려 내는 것부터 시작해야 합니다. 이 과정에서 오류가 생기면 당연히 이 입체도형을 절단한 모습도 올바르게 떠올릴 수 없겠지요. 그래서 교구를 이용해 공간과 입체에 대한 감각을 미리 길러 두는 것이 중요합니다.

정육면체에서 모서리BF와 모서리DH의 중점을 각각 M과 N이라고 할 때, ☐AMGN은 어떤 사각형일까요?

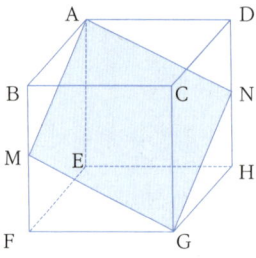

예를 들어서 위와 같은 문제를 만났다고 생각해 볼까요?

☐AMGN을 '정사각형'으로 답하는 경우가 흔합니다. 보이는 모습이 그러하기 때문이죠. 사실 도형을 보고 어떤 도형인지, 어떤 성질이 있는지 파악하는 감각은 꽤나 중요합니다. 하지만 그보다 더 중요한 것은 도형의 정의와 성질에 근거한 정확한 검증으로 그 감각을 뒷받침하는 것입니다.

☐AMGN을 정사각형이라고 판단했다면, 정사각형의 정의에 의해 '모든 변의 길이가 같고, 모든 각의 크기가 같은 사각형'인지 확인합니다. 첫째로 모든 변의 길이가 같다는 성질은 삼각형의 합동을 통해 확인할 수 있고, 이로 인해 해당 도형이 마름모임을 알 수 있습니다. 주어진 도형이 정사각형이 되기 위해서는 둘째로 모든 각의 크기가 같아야 하

는데(즉 직사각형이어야 하는데), 각을 정확히 확인할 수 없다면 직사각형의 성질 중 모든 대각선 길이가 같다는 점을 충족하는지 확인해야 합니다. 주어진 도형의 대각선을 살펴보면 그 길이가 같지 않음을 알 수 있습니다. 따라서 □AMGN은 정사각형이 아닌 마름모가 되는 것이지요.

이처럼 직관에 의해 도형을 관찰한 다음, 도형의 정의와 성질을 활용하여 답을 구해야 합니다. 눈에 보이는 대로 정사각형이라고 답하지 않고, 검증을 통해 마름모라고 답을 찾을 수 있는 아이로 자라게 해야 합니다.

사실 이와 같은 수학적 검증 과정을 거치는 사고를 하는 것이 단시간에 해낼 수 있는 것은 아닐뿐더러 상당히 어렵습니다. 결국 이 과정이 힘들어서 도형을 어렵게 느끼는 아이들이 많고요. 하지만 궁극적으로 이렇게 도형을 학습해야 하는 것이 분명합니다. 아이들에게는 교구를 통해 직접 만들어 보고 대각선의 길이나 선분 사이의 각을 재어 보는 작은 경험이 나중에 수학적인 증명을 하는 과정에서 도움을 줄 것입니다.

어떤 교구가 좋을까요?

교구를 처음 접하는 유아기에는 가지고 있는 수학적인 정보가 거의 없습니다. 그러니 교구를 학습의 도구보다는 여러 가지 경험을 할 수 있는 기회로 활용하는 것이 좋습니다. 연령대별로 다음과 같은 활동을 수반하는 교구를 추천합니다.

연령대별 추천 교구	
3~4세	교구를 직접 조작해 보며 여러 가지 입체도형들의 모양과 특징에 익숙해지는 것이 좋습니다. 손으로 만지고 느끼면서 둥글거나 뾰족함의 차이를 알고, 크기나 길이를 서로 비교하면서 측정을 해 봅니다. 특히 특정한 기준으로 여러 가지 도형을 나누어 보는 분류 활동을 추천합니다.
5~6세	수의 개념을 익힐 수 있는 수 카드 놀이와 수 감각이 빠른 경우에는 연산에 집중할 수 있는 교구를 활용할 수 있습니다. 단순히 수를 읊는 수준에 그치는 것이 아니라 5 이하의 수에서 덧셈과 뺄셈의 기초를 다질 만한 내용을 다루는 것이 좋고, 만약 적용이 어렵다면 학습지에 나온 내용을 따라 하는 방법도 추천합니다.
6~7세	연산과 관련된 교구를 사용하는 경우가 많은데, 이 시기에는 교구보다는 교재를 통해 수와 연산을 배우고 익히는 것이 중요합니다. 즉, 학습 비중을 교구보다는 교재에 더 두어야 합니다.
7세 이후	게임의 의도를 파악하고 스스로 전략을 세워 볼 수 있는 보드게임을 더 추천합니다. 게임을 이길 수 있는 방법을 분석하고 계획을 세워 그것을 해결하는 경험이 어떤 문제 상황에 닥쳤을 때 좋은 방향으로 작용할 것입니다. 단 너무 게임에 빠져 다른 학습이나 생활에 지장을 주지 않도록 주의해야 합니다. 도형 감각을 좀 더 발전시키고 싶다면 펜토미노처럼 교재와 호환되는 교구를 선택하는 것이 좋습니다.

· **Best 추천 교구 : 가베**

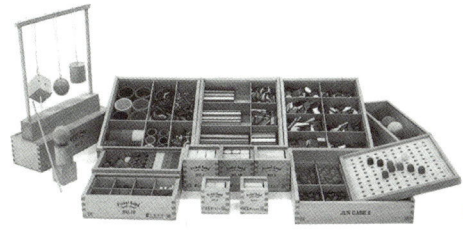

프뢰벨 가베(한국가베교육협회)

가베는 세계 최초로 유치원을 창설한 독일의 교육학자 프리드리히 프뢰벨이 1837년에 아이들을 위하여 만든 교재와 교구를 통틀어서 가리키는 말로, 은물이라고도 합니다. 보통 1~10가베의 구성이지요. 흔히 앞가베로 불리는 1~6가베는 건축물 등을 표현하는 입체도형이고 뒷가베로 불리는 7~10가베는 무늬, 패턴 등을 표현하는 평면도형입니다.

가베는 사물을 구성하는 기본 도형을 모두 포함하고 있기 때문에 보통 첫 교구로 가장 많이 추천합니다. 가베를 이용하면 수학적·과학적 사고의 기초를 쌓을 수 있고 언어 능력, 창의력, 정서 발달에도 도움이 되며 집중력 향상 등 다양한 효과를 얻을 수 있습니다. 초등학교 1~6학년에 걸친 전반적인 교과 과정과도 연계되는 지점이 많지요.

가베는 엄마표로도 할 수 있지만 보다 적극적인 활용을 위해서 전문가의 도움을 받는 것을 추천합니다. 가베를 이용해 교구 활동을 한 이후에 집 안에서 비슷한 물건 찾기 놀이 등으로 활동을 확장할 수 있습니다. 이를 통해 아이의 인지 능력을 더욱 키워 줄 수 있습니다.

• **Best 추천 교구 : 펜토미노**

펜토미노(한국슈테른)

펜토미노는 정사각형 5개를 연결한 도형으로 모양을 만드는 퍼즐입니다. 모두 12가지 조각이 있는데, 이 중 여섯 가지는 서로 모양은 같고 방향은 반대인 뒤집어진 모양을 포함합니다. 펜토미노 조각들로 여러 가지 모양을 만들어 보는 동안 각 조각의 모양과 특징을 자연스럽게 파악할 수 있습니다. 평면도형을 모으고 나누는 조작 활동을 통해 공간 감각이 향상되는 것이지요. 이런 활동은 교과 과정의 내용을 이해하는 데에도 직접적으로 도움이 됩니다. 영재교육원 프로그램이나 각종 경시대회에서 활용되기도 하고요.

처음 펜토미노를 접할 때는 일단 재미있다는 생각을 심어 주는 게 좋습니다. 조각들을 사용하여 좋아하는 동물이나 사물의 모양을 만들어 보면 도움이 됩니다. 주어진 직사각형 안을 다양한 방법으로 빈틈없이 채워 보는 활동도 추천합니다. 펜토미노는 단독으로 활용하는 것보다 사고력 및 문제 해결 능력을 기르기 위한 활동 교재와 병행하는 것이 훨씬 효과적입니다.

• **Best 추천 교구 : 수 모형과 퀴즈네르 막대**

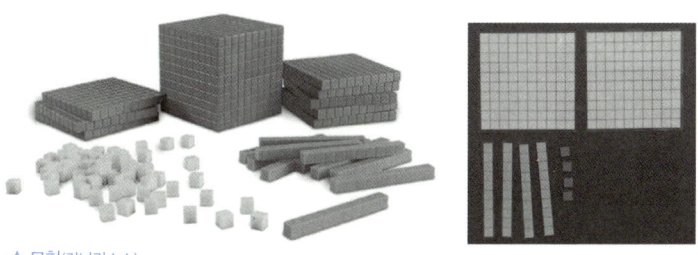

수 모형(러닝리소스)

수 모형은 1 단위를 나타내는 조각과 10 단위를 나타내는 막대, 100 단위를 나타내는 판, 1,000 단위를 나타내는 큐브로 구성되어 있습니다. 수를 시각적으로 표현할 수 있어 큰 수를 이해하는 데 도움이 되지요. 받아내림이나 받아올림과 같은 연산도 직접 수 막대를 이용해 조작해 보면서 쉽게 접근할 수 있습니다. 십진법 개념을 익히는 데도 유용합니다. 그러니 아이의 수 체계를 잡아 줄 때는 연산에 앞서 수 막대를 이용해 십진법의 개념을 이해시키는 것이 좋습니다.

퀴즈네르 막대는 벨기에의 교사였던 조지 퀴즈네르가 40여 년 전에 창안한 교구입니다. 음악에도 능했던 퀴즈네르가 악보 속 음의 높낮이에서 힌트를 얻어 수의 관계를 높이와 색깔로 나타낸 것이지요. 74개의 막대로 한 세트가 구성되어 있습니다. 퀴즈네르 막대를 이용하면 분수나 나누기 개념을 이해하는 데 도움이 됩니다. 분수, 나누기, 약수와 배수 등 교과 내용과도 직접적으로 연계가 되지요.

수 모형이나 퀴즈네르 막대는 아이의 나이에 관계없이 활용할 수 있습니다. 몇 가지 규칙을 정해서 게임으로 즐기며 수의 개념을 자연스럽게 익힐 수 있게 유도하는 것이지요. 예를 들면 '10 만들기 게임'이 있습니다. 수 모형이나 퀴즈네르 막대를 이용해 번갈아 가며 숫자 10을 만드는 것이지요. 자기 차례가 되었을 때 만들지 못하는 쪽이 지는 것이고요. 10을 만드는 데 익숙해지면 도전하는 수를 바꾸어 가면서 게임을 하면 됩니다. 이 과정에서 같은 수를 다양한 방법으로 만들 수 있다는 것도 배우고, 또 교구들을 이리저리 조합하는 과정에서 창의력과 사고력도 기를 수 있습니다.

어떻게 하면 교구 활동을 효과적으로 할 수 있을까요?

교구를 활용할 때 가장 중요한 것은 '반복 학습'입니다. 한두 번 만져 보는 것만으로는 교구의 의도와 의미를 정확하게 파악할 수 없기 때문입니다. 한 번에 의미 파악이 어려운 글을 여러 번 반복해서 읽으며 이해하듯이 교구도 지구력을 가지고 반복적으로 이용하는 것이 좋습니다. 그 과정에서 교구의 새로운 활용법을 발견할 수도 있습니다.

교구를 이용하는 아이의 모습을 주의 깊게 관찰하는 것도 중요합니다. 교구 활동의 효과는 직접적으로 눈에 보이지 않습니다. 따라서 관찰을 통해서만 아이의 이해도나 성취감을 파악할 수 있지요. 관찰 결과 교구를 충분히 활용하지 못하고 있다고 판단되면 전문가의 도움을 받는 것이 좋습니다. 반대로 교구를 통한 학습이 충분히 이루어졌다고 생각되면 교구 활동을 마무리해야겠지요.

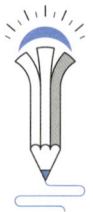

상위권으로 가기 위해 꼭 필요한 역량

　최상위권으로 가기 위해서는 사고력 수학에서 한발 더 깊이 들어가야 합니다. +α가 필요한 것이지요. 그게 무엇인지 알기 위해서는 수학 교육의 트렌드를 살펴볼 필요가 있습니다. 교육은 시대의 흐름을 반영하니까요. 지금은 4차 산업 혁명 시대입니다. 인공지능이 인간의 일을 빠르게 대체해 가고 있지요. 이런 흐름에 대응하기 위해서는 인공지능이 대신할 수 없는 인간만의 고유한 능력을 키워야 합니다. 그래서 창의적으로 사고하고, 합리적으로 문제를 해결하며, 사회적인 소통 능력이 뛰어나고, 타인을 배려하고 존중할 줄 아는 인성을 갖춘 인재가 요구되고 있습니다.

　이때 수학의 본질은 논리적이고 창의적인 사고를 통해 문제를 푸는 것입니다. 그래서 4차 산업 혁명 시대에 꼭 필요한 자질 중의 하나는 수학적으로 사고하는 것입니다. 수학적인 사고력이 다양한 분야의 지식과 융합되었을 때 더욱 창의적인 시너지를 낼 수 있으니까요. 그러나 객관식이나 단답형 문제로는 이런 능력을 기르기 어렵습니다. 그래서 서술형 문제의 중요성이 커지고 있는 것이지요. 바로 이 '서술형 문제의 해결 능력'이 최상위권이 되기 위한 +α입니다.

과거에도 서술형 문제는 출제가 되었습니다. 하지만 대부분 풀이 과정을 적는 정도의 단순한 형태였지요. 그러나 현재의 트렌드는 다릅니다. 개념에 대한 정확한 이해를 바탕으로, 문제의 의도를 파악하여 설명하거나 스스로 판단을 내린 후 그 이유를 서술하라는 문제가 출제되고 있습니다. 단순한 '서술'이 아니라 '논술'이라 할 수 있지요. 이런 경향은 중학교는 물론 고등학교에서도 뚜렷하게 드러납니다.

수학 논술을 잘하기 위해서는 두 가지 능력이 뒷받침되어야 합니다. 하나는 문제를 다각도로 살펴보고 해결책을 모색하기 위해 필요한 '생각하는 힘'이고, 다른 하나는 그 생각을 다른 사람에게 전달할 수 있는 '설명하는 힘'입니다. 이런 내공은 하루아침에 쌓이지 않습니다. 그래서 너무 늦지 않게 대비를 시작하는 것이 중요하지요. 이를 위해서 다음과 같은 학습법을 추천합니다.

생각하는 힘을 키우는 학습법

• **독서하기**

　독서는 다양한 분야의 지식과 간접 경험을 얻을 수 있는 가장 쉬운 방법입니다. 글로 표현된 내용을 머릿속에 그려 보는 과정에서 창의력도 기를 수 있지요. 교과 내용과 관련된 독서에 너무 치중하지 말고 예술 분야나 감성을 키울 수 있는 책들도 고루 읽는 것이 좋습니다. 특히 엄마와 공감하며 서로 생각이나 느낀 점을 공유할 수 있는 도서를 추천합니다.

　코로나19로 인해 우리 사회는 마스크를 쓰고 있는 모습이 일상이 되어 버렸고, 이로 인해 아이들의 언어 부진 현상이 발생하고 있다고 합니다. 다른 사람이 말하는 모습을 볼 기회가 자연스럽게 줄어들어 언어 학습이 더디게 된 것입니다. 사회적인 교류가 적어지면서 타인의 감정과 정서를 이해하기 힘들어하는 것은 물론 자신의 감정과 정서를 표현하는 것도 서툰 아이들이 늘고 있습니다. 이러한 문제를 극복하려면 독서를 통해 다양한 감정적, 정서적 상황들을 경험하고 이를 엄마와 함께 나누면서 자신을 표현하는 능력을 키울 필요가 있습니다.

• **백지에 적기**

　백지에 내용을 적어 보는 습관은 지식을 체계적으로 정리하고 기억하는 데 큰 도움을 줍니다. 무엇을 적을지 고민하는 과정에서 지식의 우선순위를 선별할 수 있는 능력도 길러지지요. 그날 배운 내용이나 읽은 책의 내용 등을 백지에 마인드맵으로 정리하는 습관을 만들어 보세요. 식, 단어, 글, 예시 등 무엇을 어떻게 적을지 그 형식은 자유롭게 해도 좋습니다.

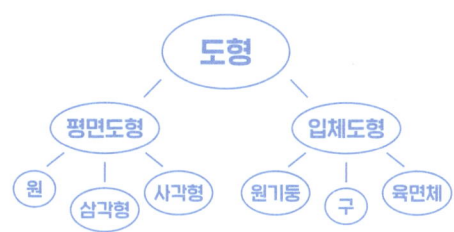

· 암기하기

뇌도 몸의 근육처럼 자주 사용해야 단련이 됩니다. 암기는 뇌를 자극해 단련시키는 역할을 합니다. 수학 공식이나 영어 단어뿐만 아니라 무엇이든 자주 암기를 해 보며 뇌 훈련을 하는 것이 좋습니다.

· '왜?'라고 물어보는 습관 기르기

매일 아침 해가 뜨고 바람이 부는 일상적인 일들도 '왜'라는 의문을 품고 파고들면 달리 보입니다. 그 뒤에는 수많은 과학적 사실들이 숨어 있으니까요. 이처럼 '왜'라는 의문은 표면적으로 드러난 것들 뒤에 숨어 있는 새로운 사실을 볼 수 있게 해 줍니다. 따라서 조건과 상황을 비판적으로 보는 시각과 본질을 분석하는 힘을 키우기 위해서는 이런 의문을 품는 자세가 꼭 필요합니다.

- **추천 교구 : 라온**

생각은 언어를 바탕으로 이루어집니다. 그래서 생각하는 힘을 키우기 위해서는 언어의 힘부터 길러야 합니다. 이에 도움이 되는 교구로 '라온'을 추천합니다. 라온은 한글 조각을 이용한 다양한 게임을 통해 즐겁고 재미있게 한글과 친해질 수 있는 보드게임입니다. 자음과 모음 조각들로 제한 시간 안에 더 많은 단어를 조합하는 게임, 가장 긴 단어를 만드는 게임, 주제에 맞는 단어를 자음 조각만 이용하여 초성으로 표현하는 놀이 등으로 활용할 수 있습니다.

이때 아이가 기존에 없던 새로운 단어를 만들어 내었다면 무조건 틀렸다고 하지 마세요. 아이에게 그 단어의 의미를 설명해 보도록 하는 것도 사고력을 키우는 좋은 방법이 될 수 있으니까요. 아이의 설명이 참신하고 설득력이 있다면 게임 내에서 점수를 인정하고 칭찬해 주는 것이지요. 아이의 의욕을 높이기 위해 새롭게 만들어진 단어를 잘 보이는 곳에 붙여 두거나 가족들끼리만 통하는 은어로 삼는 것도 좋은 방법입니다.

설명하는 힘을 키우는 학습법

• 일기 쓰기

일기를 쓰는 습관은 문장력을 길러 줄 뿐만 아니라 생각과 경험을 정리하는 능력을 키우는 데에도 큰 역할을 합니다. 이는 자신의 생각과 의견을 설명할 수 있는 바탕이 되어 자신감을 상승시켜 주지요. 뿐만 아니라 일기는 정서적인 면에서도 큰 도움이 됩니다. 스스로를 돌아보며 성찰하기도 하고 고민했던 문제의 답을 찾기도 하면서 정신적으로 성장해 나갈 수 있으니까요.

하지만 일기를 쓰는 일이 억지로 해야 하는 과제처럼 느껴지면 부담만 될 뿐 원하던 효과를 얻기 힘듭니다. 무리하게 강요하지 말고 자연스러운 일과로 자리 잡을 수 있도록 배려해 주어야 합니다.

• 따라 쓰기

아이가 처음부터 자신의 생각을 논리적으로 펼치기는 쉽지 않습니다. 초반에는 서술형 문제의 풀이를 따라 적어 보면서 논리적인 쓰기에 익숙해지도록 하는 것이 좋습니다. 직접 풀이를 할 수 있게 되면 자신이 쓴 풀이에서 가장 중요한 식이나 문장을 찾아보고 형광펜으로 체크하며 문제의 핵심을 제대로 파악했는지 확인하는 과정도 필요합니다.

- **세로쓰기**

　한글은 가로쓰기를 합니다. 하지만 수학은 논리의 흐름에 따라 세로로 풀이를 써 내려가지요. 이렇게 하면 논리의 흐름을 한눈에 알아보기 쉽다는 장점이 있기 때문입니다. 또 이전에 쓴 식을 정확하게 확인하고 다음에 쓸 식에 대한 논리를 이끌어 내기에도 편리합니다. 따라서 노트에 문제 풀이를 처음 시작하는 초등 저학년 시기부터 한글은 가로쓰기, 수식은 세로쓰기로 구분해서 익히는 것이 좋습니다.

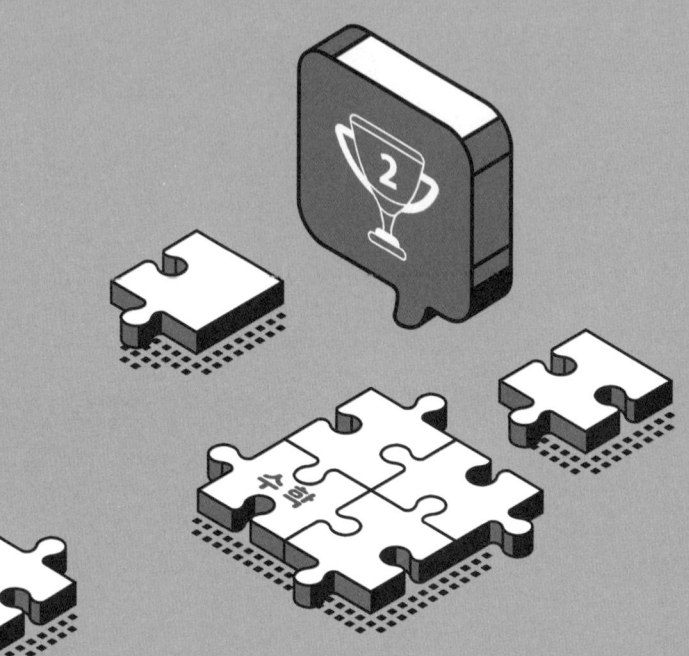

수학의 기초를
탄탄하게 잡아
주는 연산 방법

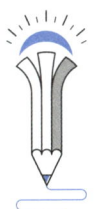

제대로 알고 시작하자, 엄마표 연산

연산의 종류와 특징

초등 수학 교육과정의 절반 이상을 차지하고 있는 것은 수와 연산 영역입니다. 이 과정에서 수 체계를 전반적으로 이해하고, 다양한 수를 조작하는 방법을 알고 활용해 보면서 중고등 수학의 기초를 다지게 됩니다. 수와 연산 영역의 비중이 이토록 높은 이유는 무엇일까요? 수학은 어떤 과정을 거치든 '정확한 답'을 얻는 게 목적인 학문이고, '답'을 구하기 위해서는 반드시 연산 과정을 거쳐야 하므로 중요할 수밖에 없는 것입니다. 즉 연산이라는 토대를 단단히 다져 두어야 그 위에 수학의 다른 여러 분야도 안정적으로 쌓을 수 있기 때문에 연산의 중요성은 몇 번을 강조해도 지나치지 않습니다.

요즘 서점에 가면 다양한 종류의 연산 교재가 나와 있는 걸 보고 놀라곤 합니다. 과거에는 연산이 반복적인 훈련을 통한 빠르고 정확한 산수에 지나지 않았는데, 최근 연산은 학습 방향성 및 영역에 따라 다양해지고 있음을 실감할 수 있습니다. 다른 영역도 그러하지만 연산 학습 역시 전문적으로 접근해야 시간 대비 최대의 효과를 얻을 수 있습니다.

제가 생각하는 요즘 시대 연산 학습의 종류는 크게 '수 연산', '사고력 연산', '도형 연산' 세 가지입니다. 무슨 차이인지 잘 모르시겠다고요? 하나씩 설명해 드릴게요. 각각의 특징을 확인한 후 아이의 상황에 맞게 학습 방향을 정하고 실력을 탄탄하게 다질 수 있도록 학습 계획을 세워 보시기 바랍니다.

• 수 연산

수 연산은 말 그대로 수를 이용해서 하는 연산으로, 우리가 기존에 알고 있던 연산 학습을 떠올리면 됩니다. 연산의 시작이자 끝이라고 할 수 있는 가장 기본적인 연산이지요.

수 연산은 5~6세 유아 때부터 조금씩 시작하여 초등학교 입학 전인 7세에 본격적으로 진행하는데 이때 어떤 교재를 선택하는지가 아주 중요합니다. 특히 아이에게 교재의 선택권을 주는 것이 생각보다 중요한데, 아이마다 선호하는 그림체나 글씨체가 있고 시각적으로 흥미를 끌

수 있는 교재의 선택이 학습에 대한 긍정적인 인상을 심어 줄 수 있기 때문입니다. 또한 부모가 일방적으로 결정한 교재로 학습을 할 때 그 내용이 어려우면 쉽게 지치고 포기하게 되는 경향이 있습니다. 연산은 꾸준하게 장기적으로 학습해야 하는 영역인데 처음 접하는 인상이 부정적이면 추후 학습을 지속하는 데 어려움을 느끼게 됩니다. 따라서 교재를 선택할 때는 좀 더 아이의 의견을 반영하여 신중하게 고르시기를 권합니다.

이런 수 연산 학습의 핵심은 단순히 기계적인 연산 훈련에 치중하는 것이 아니라, 연산 원리의 이해를 바탕으로 충실하게 답을 구하고, 반복 훈련을 통해 속도와 정확도를 상승시키는 데 있습니다. 이를 위해서는 아이가 이해할 준비가 되었을 때 학습을 시작하는 것이 좋습니다. 원리에 대한 이해가 충분하지 않으면 문제를 푸는 요령만 익혀서 답을 구하거나 자신이 내키는 대로 풀이를 하게 되기 쉽기 때문입니다. 4~5세부터 무리하게 연산 학습을 시키지 않는 이유이기도 합니다.

또한 연산은 특성상 반드시 반복 학습을 해야 하므로 아이의 성향을 잘 파악하는 것이 중요합니다. 성향에 따라 추천 교재가 다르고 그에 따른 장단점이 존재하는데, 다음에 나오는 표의 내용을 확인하기 바랍니다.

	추천 교재		장점	단점
다양한 유형 추구형	문제 양 많음	원리셈, 소마셈	연산의 원리에 대한 이해를 충분히 할 수 있다.	교재를 완성하는 데 시간이 오래 걸린다.
	문제 양 적음	연산력 수학 노크		훈련할 수 있는 문제가 없다.
반복 훈련 추구형	빨강연산, 기적의 계산법		진도를 빨리 나갈 수 있다.	생각하는 힘의 비중이 다소 약하다.

수 연산 학습도 다른 교과 학습과 마찬가지로 복습하는 시간이 반드시 필요합니다. 예를 들어 몇 단계에 걸쳐 덧셈 연산 교재를 풀고, 일정 기간 동안 뺄셈 연산을 집중해서 학습한 후에 다시 덧셈 연산으로 돌아오면 많은 아이들은 순간적으로 헷갈려합니다. 한 연산 구조에 대한 반복적인 훈련은 다른 연산 구조를 익히는 절차에 혼선을 줄 수도 있기 때문이죠. 따라서 한 번에 하나씩 완벽하게 마스터하는 것보다는 이전에 학습한 연산을 보완하면서 현재 학습을 진행하는 것이 효과적이라고 볼 수 있습니다.

• **사고력 연산**

사고력 연산은 원리를 익힌 후 이른바 '드릴 학습'이라고 불리는 반복 학습으로 실력을 다지는 기존의 틀을 벗어난 연산입니다. 기초적인 연산을 바탕으로 다양한 사고력 문제를 다루는 연산이지요. 따라서 학습법 역시 배워서 자기 것으로 만드는 '습득'의 개념보다는 깊이 생각하여 스스로 이치를 깨닫는 '터득'의 느낌에 조금 더 가깝습니다.

사고력 연산을 한다고 해서 연산 실력의 기초가 단단해지는 것이 아니라 연산과 더불어 사고하는 힘이 늘어난다고 보는 게 조금 더 정확할 것 같습니다. 교재에 따라서 차이는 있겠지만 대부분 문제 읽기, 쓰기, 독해 등의 어휘 능력이 추가로 요구되기도 합니다. 그래서 사고력 연산 교재는 다른 연산 교재에 비해 완성하는 시간이 1.5배 이상 소요됩니다. 주어진 문제를 바로 풀어내는 것이 아니라 문제를 해석하고, 해결 전략을 모색한 후 답을 찾아야 하기 때문이지요. 따라서 무턱대고 시작하기보다 다음과 같은 상황에서 학습하는 것을 추천합니다.

- 시간적 여유가 있을 때
- 연산 진도가 어느 정도 진척되었을 때
- 원리를 찾아가는 방법을 스스로 깨우치게 만들고 싶을 때
- (수 감각은 괜찮은 편인데) 연산을 지겨워할 때

기본적으로 사고력 연산과 사고력 수학 교재의 학습 방향성은 비슷합니다. 하지만 사고력 연산의 학습 깊이와 내용이 비교적 가볍다고 볼 수 있지요. 그 이유는 연산 학습에 국한되다 보니 교재에 담을 수 있는 문제 상황에 한계가 있기 때문입니다. 대신 사고력 연산은 연산 학습을

통해 문제의 의도를 파악하고, 주어진 조건을 적용해 보며 알맞은 답을 도출하고 사고하는 경험을 할 수 있다는 장점이 있습니다.

• 도형 연산

요즘은 통합적인 사고를 요하는 문제들이 늘어나면서 대수와 도형을 결합한 킬러 문제가 자주 등장하고 도형의 중요성이 부각되는 추세입니다. 그렇다 보니 도형 연산을 통해 미리 도형을 경험하면서 기하적인 감각을 키워야 한다는 분위기가 형성됐습니다. 따라서 도형 연산은 교과 수학에 필요한 개념 학습부터 사고력 수학에 필요한 다양한 도형에까지 접근하는 새로운 유형의 연산이라고 할 수 있습니다. 기존에도 도형 연산에 관련된 교재들이 있었지만 교과과정과 연계되어 도형의 성질과 공식을 반복적으로 훈련하는 문제들이 대부분이었습니다. 하지만 지금은 도형 자체에 대한 충분한 이해를 돕기 위해 교육과정에서 다루지 않는 도형의 성질에 관련된 내용을 담고 있는 교재들이 많이 나오고 있습니다. 그 변화를 구체적으로 비교해 보면 다음과 같습니다.

문제 예시

과거 도형 연산 문제

직사각형의 둘레와 넓이를 구하세요.

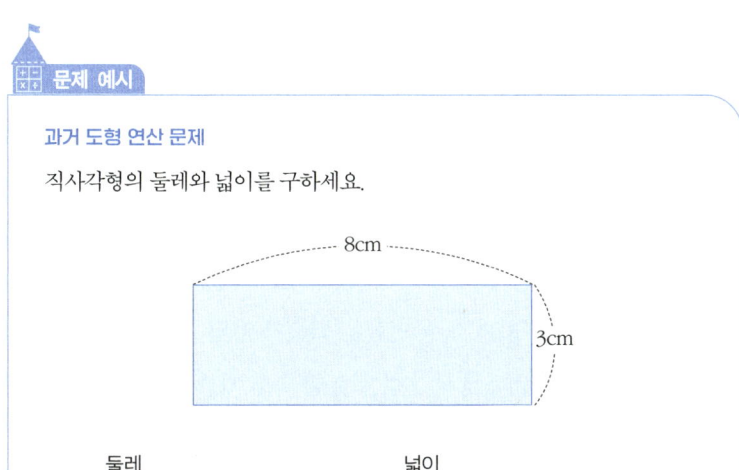

둘레 _____   넓이 _____

문제 예시

최신 도형 연산 문제

도형을 뒤집거나 돌렸을 때, 왼쪽과 같은 도형이 되도록 알맞은 위치에 ●를 그리세요.

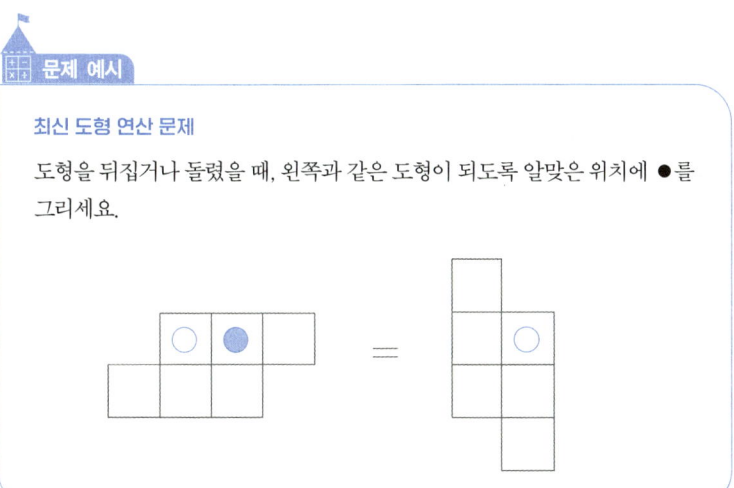

사실 도형 연산의 효과에 대해서는 엄마들의 의견이 분분합니다. 도형 연산을 통해 아이가 도형에 자신감을 갖게 된 것 같다는 긍정적인 의견이 있는가 하면 문제를 너무 쉽게 풀어 의미가 있는지 잘 모르겠다는 의견도 있습니다. 채점을 하려고 답을 보는데 가끔은 자신도 내용이 이해가 가지 않는다는 분도 계시고요.

결론부터 말씀드리자면 도형 연산은 필수가 아닙니다. 만약 도형 연산을 해야 한다고 판단된다면 처음부터 끝까지 모든 단계를 학습하는 것이 아니라, 아이가 약한 부분만 집중적으로 하면 됩니다. 도형을 어려워하는 아이들도 특히 어려워하는 도형이나 성질이 있는 것이지 모든 내용을 어려워하고 못하는 것은 절대 아니기 때문입니다. 약점이 발견되면 그 부분에 대한 학습을 집중적으로 하고, 필요하다면 동일한 부분을 교재를 다양하게 바꿔 가면서 보완하는 것이 훨씬 더 큰 도움이 됩니다.

엄마표 연산에서 자주 하는 실수

연산은 엄마표로도 얼마든지 기초를 탄탄하게 다질 수 있습니다. 하지만 그 과정에서 엄마들이 실수하기 쉬운 부분도 있지요. 실수를 막기 위해서는 다음과 같은 것들을 잘 기억해야 합니다.

• 연산 학습은 꾸준히, 규칙적으로

연산 학습을 시킬 때 가장 어려운 점 중 하나는 어느 정도 시점이 되면 아이가 하지 않으려고 한다는 것입니다. 안 해도 된다는 경험이 쌓였기 때문이지요. 그 경험은 어떻게 생겼을까요? 십중팔구는 생각보다 연산을 중요시하지 않은 엄마의 영향입니다.

연산은 학습 내용이 교과 수학이나 사고력 수학에 비해 비교적 쉬운 편입니다. 그래서 엄마 입장에서는 아이가 연산을 어느 정도 한다 싶으면 연산을 공부할 시간에 다른 공부를 하는 게 낫지 않을까 생각하게 됩니다. 엄마의 이런 마음이 아이에게 전해져 연산을 '꼭 해야 되는 것'이 아니라 '해도 그만, 안 해도 그만'이라고 생각하게 되는 것이지요.

연산은 수학의 기초입니다. 기초가 확실하게 잡혀 있지 않으면 힘들게 풀이법을 찾아내고 식까지 잘 세워 놓고도 마지막 연산에서 어이없는 실수를 하는 경우가 생깁니다. 공든 탑이 허무하게 무너지는 것이지요. 그래서 꾸준히, 규칙적으로 학습하며 연산 실력을 탄탄하게 다지는 것이 중요합니다. 공부하는 요일과 시간을 정하여 연산을 '반드시 해야 하는 것'으로 인식시킬 필요가 있습니다.

• 교재의 추천 연령에 너무 얽매이지 말자

학습 교재에는 모두 추천 연령이 있습니다. 처음 시작하는 교재는 아이의 나이에서 ±1 범위에서 선택하는 것이 좋습니다. 그러나 추천 연령은 말 그대로 '추천'일 뿐 너무 얽매일 필요는 없습니다. 아이의 흥미와 관심도에 따라 학습 진도는 천차만별이니까요.

만약 아이가 너무 쉽게 푼다면 해당 교재를 끝까지 마치는 것에 의미를 두지 않아도 됩니다. 그보다는 교재의 단계를 올려 연산 학습의 지루함을 덜어 주고 도전 의식을 고취시키는 편이 더 낫습니다.

반대로 주어진 교재를 버거워한다면 같은 수준의 교재를 또다시 접하는 것보다는 한 단계 아래의 교재로 기초를 다지는 것이 좋습니다. 학습은 반드시 아이의 눈높이에 맞춰야 한다는 사실을 잊지 마세요. 엄마가 보기에는 너무나 쉽고 당연하지만 아이에게는 '수'라는 약속이 생소하고 어려울 수 있습니다.

- **정답을 맞힌 것이 내용을 다 이해했다는 뜻은 아니다**

일반적으로 연산 교재들은 정답률이 높게 나올 수밖에 없습니다. 특히 같은 페이지에는 대부분 유사한 구조의 문제들이 실려 있기 때문에 비슷한 방법으로 계산하면 대부분 정답이 나옵니다. 따라서 한 페이지를 모두 맞혔다고 해서 해당 개념을 완벽하게 이해했다고 단정해서는 안 됩니다. 그날의 정답률만 믿고 점검을 소홀히 하거나 복습을 건너뛰면 개념 이해에 구멍이 생긴 채로 학습을 진행하게 될 수 있습니다. 그래서 연산도 다른 교과 학습처럼 복습과 테스트가 중요합니다.

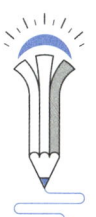

연산의 유형별 공략 방법
(수 연산/사고력 연산/도형 연산)

수 연산 학습 포인트

연산 학습의 황금기는 6세부터 초등학교 2학년까지입니다. 6세부터 연산을 시작한다는 것이 너무 이르다고 생각될 수도 있습니다. 하지만 유아 시기에는 진도에 연연하며 학습할 필요가 없으니 오히려 부담을 줄이고 다가갈 수 있습니다. 게다가 연산의 전 범위를 놓고 본다면 유아 대상 교재의 퀄리티가 가장 뛰어난 편이니 그중 아이의 성향에 맞는 것을 골라 자연스럽게 연산을 접하게 하면 어떨까요. 어른들의 걱정과 달리 아이들은 예상치 못한 부분에서 호기심을 느끼거나 재미를 찾기도 합니다.

학습 계획을 세울 때는 학년이 올라갈수록 연산 외에 신경 써야 할 것들이 점점 늘어난다는 것을 염두에 두어야 합니다. 특히 사고력 수학이나 경시대회 등 심화 수학 학습을 계획하고 있다면 연산 학습은 더더욱 빨리 진행되어야 합니다. 심화 문제를 다루려면 일정 수준 이상의 연산 실력이 반드시 뒷받침되어야 하는데, 뒤늦게 연산 진도를 급하게 나가려면 아이도 벅차고 원하는 시기에 원하는 방향의 학습을 하기 어려울 수 있습니다. 그래서 최상위권을 목표로 빠른 선행을 계획하는 경우, 초등학교 2~3학년에 초등 과정의 연산을 미리 끝내기도 하지요.

이런 경우가 아니더라도 초3 이후에는 초등 과정의 연산을 최대한 빨리 끝내는 것을, 최소한 1년 정도 연산 선행을 최우선 목표로 하는 것이 좋습니다. 이유는 초4 과정부터는 연산 외에 다른 수학적 개념들이 많이 나오기 시작하기 때문입니다. 새로 배워야 할 내용도 많은데 연산 학습까지 병행해야 한다면 학업량이 과중해질 수 있습니다.

연산을 잘하는 가장 확실한 방법은 규칙적으로 꾸준히 연습하는 것입니다. 쉽고 재미있다고 일주일 치 문제를 하루에 다 풀고 한동안은 잊어버리고 있다가 생각나면 다시 공부하는 것보다는, 정해진 학습량을 꾸준히 지키는 게 좋습니다. 연산 학습 시간은 한번 줄이면 다시 늘리는 게 어려우니 처음부터 넉넉하게 잡도록 하세요. 나중에 여유가 생기면 그 시간을 연산 외 교과 학습 시간으로 활용하면 되니까요.

아이가 연산 문제를 풀 때 실수가 잦다면 그 해결책은 문제의 양보다는 질에서 찾아야 합니다. 어떤 문제를 만나더라도 충분히 대처할 수 있도록 훈련시키는 것이지요. 그 방법은 문제를 풀고 나서 바로 채점하고 결과를 알려 주는 것이 아니라, 아이에게 틀린 문제의 개수만 말해 주고 스스로 답을 고치는 시간까지를 학습 시간으로 정하는 것입니다. 학습을 정해진 시간을 채우는 활동이 아닌 완료해야 하는 미션의 개념으로 접근하는 것이지요.

반대로 시간이 오래 걸리는 아이라면 정해진 양의 문제를 정해진 시간 안에 푸는 훈련을 반드시 해야 합니다. 초반에는 오답이 생기더라도 문제 푸는 속도에 더 집중하게 해 주세요. 시간 안에 주어진 문제를 끝까지 풀어내는 경험을 하는 것이 중요하니까요. 이런 과정의 반복을 통해 연산의 속도를 개선하면서 차츰 정확도까지 높여 가는 것이지요.

또한 글씨 쓰는 속도가 느려서 결과적으로 문제 푸는 속도까지 늦어지는 아이의 경우에는 문제의 양을 늘려서 쓰기 속도를 반드시 올려야 합니다. 이는 연산에만 해당되는 문제가 아니라 전반적으로 문제를 느리게 푸는 원인이 될 수 있기 때문입니다. 문제의 원인이 다르면 해결 방법도 달라야 하는 법이니 아이가 연산하는 모습을 먼저 세심하게 관찰해 주세요.

• 교재 고르는 방법

크게 선행과 복습으로 나누어 교재를 선택해야 합니다. '선행 교재' 즉 연산 진도를 나갈 때 사용되는 교재는 연산의 원리를 정확하게 익히고 다양한 유형의 문제를 접할 수 있는 것으로 선택하는 것이 원칙입니다. 하지만 연산을 시작하는 시기와 아이의 성향에 따라 선택에 변화가 생길 수도 있지요.

초등 입학 전에는 원리를 중심으로 다양한 유형을 접해 볼 수 있는 연산 교재를 추천합니다. 연산에 충분한 시간을 투자할 수 있는 시기이므로 단순 반복 연산보다는 원리를 충분히 이해하고 활용해 볼 수 있도록 다양한 그림과 표, 수학적 모델 등이 포함된 교재를 선택하는 것이 좋습니다. 그리고 한 권의 교재만 풀기보다는 다른 출판사에서 나온 교재를 섞어서 풀어 보게 하세요. 교재마다 원리를 이해하게 하는 흐름과 방법이 다르기 때문에 그에 따라 다양한 학습 효과가 나타날 수 있습니다.

초등 입학 후에는 학습 상황에 따라 교재 선택에도 차이가 생깁니다. 대표적으로 고려해야 할 사항에는 다음과 같은 것들이 있습니다.

- 교과 현행 심화 학습 상황 (학교 진도에 맞춘 복습)
- 교과 선행 학습 상황

- 각종 준비 상황 (경시대회, 학원 등)

아이의 학습 상황과 학습량을 고려해서 교재를 선택해야 한다는 것이지요. 학습적 여유가 있다면 기존과 같이 유아 때 사용했던 교재를 그대로 선택해도 무방하지만, 교과 복습용 연산을 추가해야 하거나 경시대회에 나갈 예정이라면 교재 선택은 기존과 달라져야 합니다. 현행 심화 학습 시에는 복습용 교재를 통해 흔들리는 연산을 보완하고, 선행학습에 필요한 연산을 별도로 진행하는 방법을 추천드립니다.

이번에는 '복습 교재' 고르는 방법을 말씀드리겠습니다.

평소 아이가 연산을 할 때 실수가 잦았는지, 속도가 늦었는지 혹은 복잡한 유형을 어려워했는지 등을 고려하여 약점을 개선해 줄 수 있는 복습 교재를 선택합니다. 무엇보다 아이가 자신의 의지로 약점을 이겨 내기는 쉽지 않으니 엄마가 적절한 방법으로 도와주는 것이 중요하지요.

특히 아이가 잦은 연산 실수를 한다면 이는 단순히 실수가 아니라 원리에 대한 이해가 부족해서일 수도 있습니다. 따라서 이런 경우에는 이전에 배웠던 개념들 중에 혹시 놓친 부분이 있거나 이해를 잘못한 것은 없는지 꼭 확인해 보아야 합니다.

연산을 어느 정도 잘해 온 아이에게 추천하는 복습용 연산 교재는 교과 내용이 충분히 담겨 있는 심화 연산 교재입니다. 연산에 대한 지루함도 잊을 수 있고 수 구조에 대하여 다양하게 생각해 볼 수 있기 때문입니다.

점검 결과 연산에 별다른 문제가 없다면 굳이 복습 교재를 선택하지 않아도 됩니다. 이미 교과에서 다양한 연산을 학습하고 있으니까요. 그리고 복습 교재는 100% 다 풀어야 한다는 압박을 가지지 않아도 됩니다. 취약한 부분만 선별하여 보완하는 것이 여러 면에서 효율적입니다. 복습에 너무 시간을 빼앗겨 현행 학습을 방해해서는 안 됩니다. 약점만을 공략해 빠르게 연산의 완성도를 높이는 전략을 구사하세요.

사고력 연산 학습 포인트

사고력 연산은 단순한 계산이 아니라 다양한 수 모형을 활용하여 연산을 하고 이를 통해 사고해 볼 수 있는 내용을 담고 있습니다. 난이도를 놓고 보면 수 연산 < 사고력 연산 < 사고력 수학 순으로 볼 수 있습니다. 만약 사고력 수학과 사고력 연산 둘 다 시작하지 않았다면 사고력 연산으로 추론하는 힘과 연역적으로 사고하는 힘을 먼저 기르는 것을 추천합니다.

또한 연산 진도가 늦게 진행 중이라면 사고력 연산을 필수적으로 학습하기보다는 진도를 먼저 나가는 편이 낫습니다. 사고력 연산 역시 기초 연산을 바탕으로 하고 있으므로 연산 진도가 충분히 진행되어야 문제를 해결할 수 있습니다.

아이가 사고력 연산에 전혀 흥미가 없다면 굳이 스트레스를 주면서 학습시킬 필요는 없습니다. 강요는 자칫 연산에 대한 거부감으로 이어질 수 있으니까요. 그리고 최근에는 수 연산 교재들도 여러 주제를 가지고 다양한 방법으로 원리를 이해하도록 구성되어 있습니다. 그러니 사고력 연산에 너무 집착하지 않아도 됩니다. 연산 학습의 최종 목표는 결국 실수를 최소화하면서 빠르고 정확하게 문제를 풀어내는 것에 있다는 걸 명심하세요.

• 교재 고르는 방법

사고력 연산 교재는 수 연산 관련 지식뿐만 아니라 도형이나 규칙성 등 다른 영역의 내용까지 포함하는 통합적인 문제들로 구성되어 있어 일반적인 수 연산 교재보다 난이도가 높은 편입니다. 수 연산이 연산의 원리를 이해하고 법칙에 맞게 잘 계산해 내는 것을 목표로 한다면 사고력 연산은 연산을 바탕으로 다양한 문제 상황을 해결하는 것이 목표지요. 그러니 학습 목표가 연산 문제를 빠르고 정확하게 풀어내는 것이라면 사고력 연산 교재는 추천하지 않습니다.

사고력 연산은 교재의 추천 연령에 해당하는 연산을 학습 완료한 상태에서 접하는 것이 효과가 좋습니다. 예를 들어 추천 연령이 7세~초1인 사고력 연산 교재라면 초1 과정의 연산 진도를 완성한 후에 접하는 것을 추천한다는 뜻입니다.

그런데 이때 한 가지 생각할 점이 있습니다. 사고력 연산 교재는 사고력 수학과 연산을 동시에 진행할 수 있다는 장점이 있습니다. 추론하고 유추하는 힘도 기를 수 있고요. 단순 계산이 아니라 충분히 생각하며 풀어야 하는 좋은 문제들로 구성되어 있으니 어른들이 보았을 때는 욕심나는 교재가 분명합니다. 하지만 아이들에게도 그럴까요?

사고력 연산 교재에 대한 아이들의 반응은 다소 극과 극인 편입니다. 단순하지 않은 문제들에 재미를 붙이고 사고력 연산 교재만 풀려고 하는 아이가 있는가 하면 너무 어려워서 손도 대지 못하는 아이도 있지요. 단원에 따라 기복이 심한 아이도 있고요.

아이가 재미를 느낀다면 다행이지만 만약 그렇지 않다면 교재를 힘들어하는 이유부터 파악해야 합니다. 기초 연산이 부족하면 문제 상황을 이해하더라도 그다음 단계의 계산을 해내지 못해 어려울 수 있습니다. 이런 훈련을 해 본 경험이 없어서 문장 해석이나 규칙을 발견하는 데 미흡한 경우도 있지요. 이럴 때는 교재 수준을 한 단계 낮추어 사고하는 법을 차근차근 알려 주는 것이 좋습니다.

그래도 아이가 힘들어한다면 무리해서 사고력 연산을 시킬 필요는 없습니다. 그리고 사고력 연산은 단계가 높아질수록 교재의 정체성이 모호해지는 경향이 있습니다. 사고력 수학도 연산 교재도 아닌 애매한 모습이 되지요. 그러니 교재 다이어트가 필요한 시점이 온다면 과감하게 정리하는 것도 나쁘지 않습니다.

도형 연산 학습 포인트

도형은 감각이라는 말이 있습니다. 그래서 감각적으로 이해가 되지 않으면 어떤 설명을 해도 소용없을 때가 있습니다. 그러니 아이가 어려워하는 도형이 있다면 느낌이 올 때까지 반복해서 접하며 도형에 대한 감각을 키울 수 있게 도와줘야 합니다. 대부분의 경우 도형을 이해하는 데 가장 도움이 되는 방법은 직접 그려 보는 것이니 참고하세요.

도형 연산을 하지 않는다고 해서 앞으로의 학습에 큰 지장이 있는 것은 아닙니다. 초중고 교육과정에서 다루는 도형 문제들은 정의와 성질을 정확히 인지한 후 수학적 개념에 충실하게 접근해야 해결할 수 있지요. 논리적으로 접근하지 않고 감각에만 의존하면 오히려 오류를 범할 수도 있습니다.

그러나 감각적으로 미리 친숙해 두면 앞으로 어려운 도형들을 대할 때 도움이 되는 것은 분명합니다. 도형을 학습할 때는 자신감이 중요하니까요. 도형 단원을 공부할 때 다른 아이들보다 이해도가 높으면 성취감이 높아져 자신감이 상승하겠지요. 이는 수학에 대한 흥미로 이어져 학습 의욕을 높이는 계기가 될 수 있습니다.

그런 점에서 쌓기나무, 평면도형의 이동(회전/대칭) 등 아이들이 어려워하는 대표적인 도형 단원들과 관련된 내용들은 미리 보아 두는 것이 좋습니다. 특히 원 같은 경우는 개념부터 사고력 문제까지 모두 접해 보는 것을 추천합니다. 원은 초중고 전 학년에서 가장 중요한 도형이라고 해도 과언이 아니니까요. 최근에는 매년 수능에 빠짐없이 원 관련 문제가 출제되고 있기도 합니다.

• 교재 고르는 방법

도형 연산 교재들은 대체로 난이도에 큰 차이가 없습니다. 아이들이 도형 연산을 어려워하는 것은 각자 이해가 힘든 영역이 있기 때문이지 교재 자체의 난이도가 높기 때문은 아닙니다. 따라서 취약한 영역은 다양한 교재를 통해 여러 번 훈련할 필요가 있지요. 그래서 도형 연산 교재는 세트로 구입하는 것을 추천하지 않습니다. 가령 평면도형의 대칭과 회전을 어려워한다면 대칭과 회전에 관련된 파트만 다양한 교재를 구매해서 집중적으로 공략을 하는 것이 빠르게 약점을 보완할 수 있는 팁이라고 할 수 있습니다.

연산 잘하는 팁

연산은 충분히 학습한 후에도 실제 문제를 풀다 보면 비슷한 실수를 반복하는 경우가 많습니다. 이런 실수를 바로잡는 데 도움이 되는 몇 가지 팁을 알려 드리겠습니다.

첫째, 덧셈과 뺄셈의 기초를 튼튼하게 다져야 합니다. 곱셈과 나눗셈, 분수와 소수의 덧셈 뺄셈 등 대부분의 연산에는 중간에 자연수의 덧셈 뺄셈 과정이 포함되어 있습니다. 특히 받아올림, 받아내림이 있는 수의 덧셈과 뺄셈은 시간이 좀 걸리더라도 확실하게 마스터해야 합니다. 덧셈과 뺄셈 실력은 연산의 속도와 정확성에 가장 큰 영향을 미치는 요소입니다. 그러니 연산 속도가 느리다면 덧셈과 뺄셈 실력을 가장 먼저 점검해야 합니다.

둘째, 문제의 식을 노트에 직접 써 보는 훈련을 합니다. 모든 문제를 전부 써 볼 필요는 없고 노트에 풀 페이지나 문제를 교재에서 지정하여 연습하면 좋습니다. 만약 아이가 암산을 자주 하거나 글씨 쓰는 데 어려움을 느끼는 편이라면 이 방법을 활용하면 큰 도움이 될 것입니다.

셋째, 기초 연산을 할 때는 가급적 가로셈보다 세로셈으로 연습하는 것이 좋습니다. 연산에서 '자릿수' 때문에 오답을 내는 경우가 많기 때문입니다. 자릿수에 대한 개념이 부족하거나 혹은 자릿수를 제대로 맞추지 못하는 것이지요. 세로셈은 가로셈보다 자릿수의 변화를 직관적으로 쉽게 관찰할 수 있다는 장점이 있습니다. 또 곱셈과 나눗셈의 과정에도 세로셈이 포함되어 있지요. 따라서 세로셈을 능숙하게 할 수 있다면 다른 연산을 할 때도 큰 도움이 됩니다.

넷째, 아이들은 각 연산마다 나름대로 자신 있어 하는 방법이나 법칙을 가지고 있습니다. 하지만 자주 틀린 답을 낸다면 그것을 수정해 줄 필요가 있습니다. 연산 실수가 잘 교정되지 않는 이유는 사칙연산을 너무 쉽게 생각하기 때문입니다. 수만 다를 뿐 계산은 결국 다 비슷비슷할 것이라 여기는 것이지요. 이런 태도는 문제를 보고 싶은 대로 보고 풀고 싶은 대로 푸는 모습으로 나타납니다. 연산은 오답을 냈다고 해도 수정이 어렵지 않기 때문에 틀리는 것에 대한 부담이 다른 문제에 비해 상대적으로 적습니다. 그래서 자신이 어떤 오류를 범해서 오답을 냈는지에 대해 궁금해하지 않고 무심하게 넘어가기 십상이지요. 하지만 연산에서 비슷한 형태의 오답을 자주 낸다는 것은 잘못된 습관이 고착화된 상태일 가능성이 큽니다. 그러므로 새로운 접근으로 문제를 대할 수 있도록 습관을 교정하는 시간을 반드시 가져야 합니다.

다섯째, 연산에 속도감을 주고 싶다면 시간을 재는 습관을 들여야 합니다. 연산마다 시간을 재서 풀어야 하는 파트를 정하고, 주어진 시간 내에 문제를 해결하려고 노력하는 것이지요. 보통 연산 교재는 풀기 어려운 문제들이 많지 않습니다. 천천히 풀든 빠르게 풀든 결국은 풀리는 문제들이 대부분이지요. 그래서 속도를 내서 풀어야 할 상황을 만들지 않는다면 아이들은 굳이 문제를 빨리 풀 필요성을 느끼지 못합니다.

만약 정답률에 예민한 아이라면 다른 아이들보다 좀 더 시간을 들여 꼼꼼하게 문제를 풀려고 하겠지요. 하지만 천천히 문제를 푸는 습관이 꼭 좋은 것은 아닙니다. 오히려 문제를 푸는 도중에 딴생각을 해서 오답을 내는 경우도 종종 있으니까요. 따라서 집중력 있게 문제를 풀 수 있도록 적절한 시간 안에 문제를 푸는 훈련을 하는 것이 좋습니다.

그럼 이와 같은 팁들을 바탕으로 각 영역별 실수하기 쉬운 연산들을 실제 오답 사례들과 함께 살펴볼까요? 아직 아이가 학습하는 내용이 아니더라도 미리 알면 나중에 아이가 실수했을 때 당황하지 않고 대처할 수 있을 것입니다.

실수하기 쉬운 연산 사례

· 곱셈

곱셈의 구조가 바뀌거나 수가 커지면 자주 틀리는 아이들이 있습니다. 첫 번째 이유는 (몇십몇)×(몇십몇) 같은 큰 수의 계산에서 자릿값을 제대로 찾지 못하기 때문입니다. 다음은 초등학교 3학년 과정 이후에 연산의 개념을 체크할 때 자주 출제되는 유형의 문제입니다.

곱셈의 원리를 정확히 이해하지 못한 아이들에게는 이런 문제가 어

렵습니다. 문제에서 계산이 잘못된 부분이 있다고 하니 찾기는 해야겠는데, 사실은 자신도 제시된 보기와 같이 잘못된 방법으로 곱셈을 하고 있는 경우가 많으니까요. 곱셈의 기본 원리와 수의 구조를 정확하게 파악하고 있어야 다음과 같이 답을 찾을 수 있습니다.

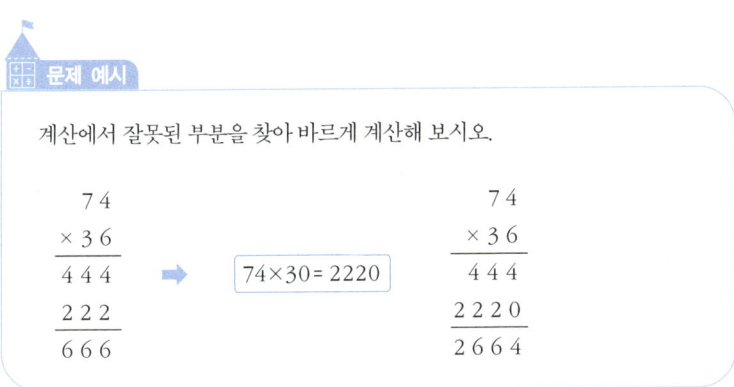

평소 단순 셈을 잘하던 아이들도 단원평가에서 이런 실수를 하는 경우가 종종 있습니다. 심지어 중등 선행을 하는 아이가 (세 자릿수)×(세 자릿수) 문제를 틀리기도 하고요. 이렇게 자릿값 때문에 연산에서 문제를 겪는 아이들은 자릿값을 전부 표현하는 습관을 들이는 것이 좋습니다. 이런 습관은 나중에 중등 과정에서 수를 문자로 표현하는 법을 배울 때에도 큰 도움이 되지요. 예를 들어 십의 자리 숫자를 a, 일의 자리 숫자를 b라고 할 때 올바른 표현법은 'ab'가 아니라 '10×a+1×b'라는 것을 쉽게 이해할 수 있으니까요.

(몇십)×(몇십) 또는 (몇백)의 곱셈을 생각보다 어려워하는 또 다른 이유는 '0' 때문입니다. 세로로 곱셈을 하는 데 익숙한 아이들에게 '0'은 계산을 헷갈리게 만드는 뜻밖의 복병이 될 수 있습니다. 어떤 이유로 '0'을 붙여야 하는지 정확히 알지 못하면 잘못된 곳에 붙이고 틀린 계산을 하게 되는 것이지요. 아래와 같은 실수를 하기도 하고요. 그러니 아이가 곱셈을 하는 모습을 유심히 관찰하셔야 합니다.

 문제 예시

한 상자에 85개씩 들어 있는 사과 1000상자와 한 상자에 250개씩 들어 있는 귤 300상자가 있다. 사과는 귤보다 몇 개 더 많은가?

```
    1000
      85 ×
   ─────
    5000
    800
   ─────
   13000
```

• **소수의 덧셈과 뺄셈**

자연수 연산에 익숙해진 아이들은 소수의 계산이 낯설게 느껴집니다. 같은 자릿수의 소수를 계산할 때는 덜하지만 자릿수가 다른 소수를 계산할 때는 아무래도 실수를 하기 쉽지요.

가장 흔한 실수 중의 하나는 다음 문제의 보기처럼 소수점의 자리를 잘못 맞추는 것입니다. 소수에 대한 개념이 확실하게 잡혀 있지 않은 경우에 이런 모습을 보이지요. 하지만 이는 금방 바로잡을 수 있는 문제이니 크게 걱정하지 않으셔도 됩니다.

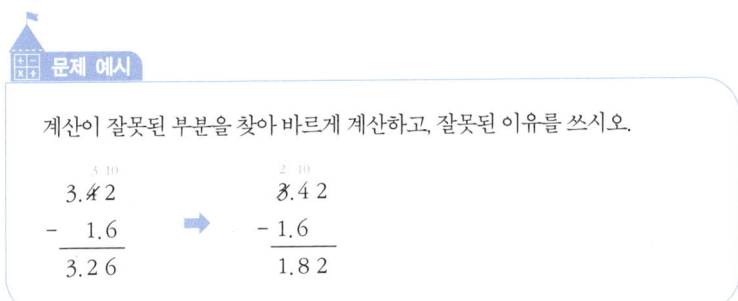

또 소수점은 제대로 맞추었는데 소수점 뒤의 자리가 달라 당황하는 경우도 있습니다. 이럴 때는 소수는 필요한 경우 오른쪽 끝자리에 0을 붙여서 나타낼 수 있다는 사실을 항상 강조해 주세요.

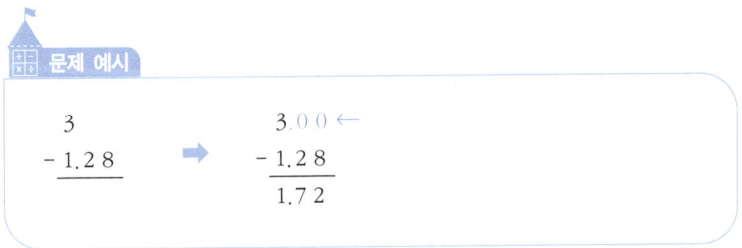

그런데 이때 '0'을 오른쪽 끝자리가 아닌 잘못된 위치에 붙이는 아이

들이 있습니다. 소수점 뒤의 자리를 맞추는 데만 신경을 쓰다 '0'의 위치를 착각하는 것이지요. 이런 실수도 바로잡아 주셔야 합니다.

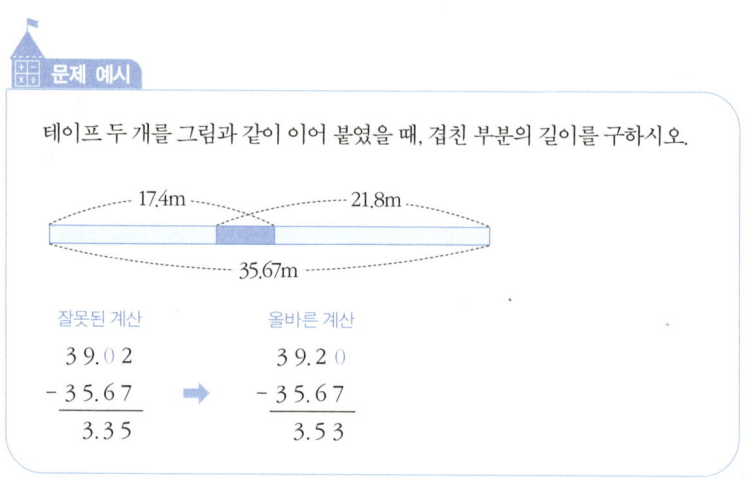

- **분수의 곱셈**

분수의 덧셈 뺄셈 다음에는 분수의 곱셈을 배우게 됩니다. 이때 아래와 같이 통분을 먼저 한 후 곱셈을 하는 아이들이 있습니다.

📋 문제 예시

$$\frac{2}{3} \times \frac{1}{5} = \frac{10}{15} \times \frac{3}{15} = \frac{30}{225} = \frac{2}{15}$$

이렇게 해도 정확히만 계산하면 결과는 같습니다. 그래서 계산 과정에서 오류를 범하고 있다는 것을 놓치는 경우가 있지요. 하지만 통분을 먼저 하면 수가 커져 실수할 확률이 높아집니다. 정답을 구하는 것도 중요하지만 그에 앞서 올바른 순서에 따라 계산하는 습관을 들여야 합니다.

(자연수)×(대분수)에서 아이들이 흔히 하는 실수는 자연수끼리만 곱하는 것입니다. 대분수가 (자연수)+(진분수)로 이루어진 구조를 가진 수라는 사실을 정확하게 이해하지 못해서 생기는 대표적인 오류지요.

문제 예시

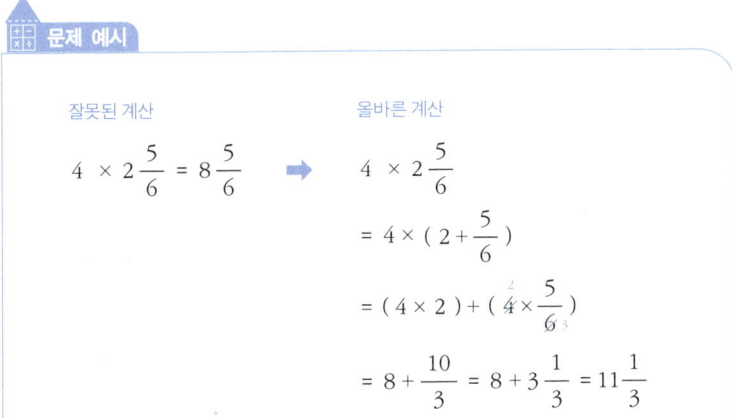

(자연수)×(대분수)에서 바로 약분부터 하는 것도 자주 보이는 실수입니다. 분수의 곱셈에서 대분수는 먼저 가분수로 바꾼 다음 계산해야 합니다. 그런데 이것을 잊어버린 아이들이 자연수와 대분수의 분모를 바로 약분해 버리는 것입니다.

문제 예시

$$\overset{2}{\cancel{4}} \times 2\frac{5}{\underset{3}{\cancel{6}}}$$
$$= 2 \times 2\frac{5}{3}$$
$$= \cdots$$

분수의 덧셈에서 곱셈으로 진도가 넘어갈 때나 분수의 곱셈에서 나눗셈으로 넘어갈 때는 둘 사이의 차이점을 익히고 연산 구조가 다르다는 것을 확실하게 인지한 상태에서 학습을 진행해야 합니다. 이때 유형을 하나씩 정리하지 말고 모든 유형을 한꺼번에 쭉 훑어보는 것이 좋습니다.

• **소수의 나눗셈**

소수의 나눗셈을 잘하려면 기본적으로 자연수의 나눗셈을 잘해야 합니다. 특히 나눗셈에서는 몫에 '0'이 들어가는 경우에 실수를 하기 쉽습니다. 자연수의 나눗셈을 할 때는 나누어지는 수가 될 때까지 수를 내려 받지요. 이때 남은 수로 나눗셈을 할 수 없으면 몫 부분에 '0'을 쓰고 다음 수로 넘어가야 하는데 이 과정에서 종종 실수가 나옵니다. 이런 실수를 바로잡지 않으면 소수의 나눗셈에서도 같은 실수를 되풀이할 수밖에 없지요.

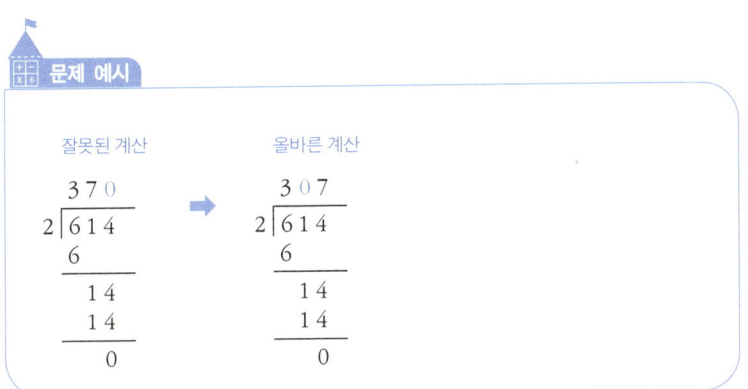

또 나눗셈의 기본 원리를 충분히 이해하지 못한 상태에서 소수의 나눗셈을 접하면 (소수)÷(소수)의 몫은 소수일 것이라고 생각하는 오류를 범하기도 합니다.

2.4-0.6-0.6-0.6-0.6=0입니다. 2.4에서 0.6을 네 번 뺄 수 있으므로 24÷6=4와 같은 결과입니다. 그런데 오개념을 가지고 있는 아이들은 이 문제에서 0.4라는 오답을 내기 쉽습니다.

(소수)÷(소수)에서 나머지가 생길 경우, 나머지는 원래 주어진 수의 값에서 생각해 보아야 한다는 것을 이해하지 못하는 경우도 있습니다.

2.5-0.6-0.6-0.6-0.6=0.1입니다. 2.5에서 0.6을 네 번 뺀 나머지는 1이 아니라 0.1인 것입니다. 그런데 25÷6=4…1로 몫을 구할 때와 같은 결과로 생각하면 오답이 나오게 되지요.

나눗셈에서 나머지에 관련된 내용은 중등 과정의 '최대공약수와 최소공배수', 고등 과정의 '나머지정리' 등으로 연결됩니다. 처음부터 나눗셈에서 나머지의 의미를 정확하게 이해해 두어야 나중에 헤매지 않고 관련된 문제를 잘 다룰 수 있습니다.

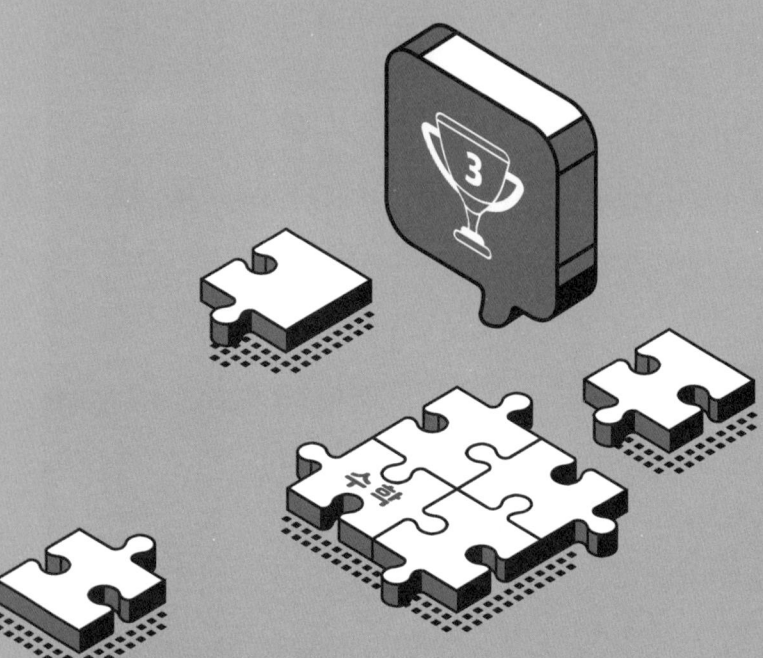

도 형 을
두 려 워 하 지
않 는 공 부 법

도형에 대한 오해와 진실

수학의 여러 영역 중에서도 도형 즉 기하는 아이들이 가장 어려워하는 부분입니다. 수적인 감각뿐만 아니라 시각적인 감각, 나아가서는 입체적인 감각까지 동원되어야 하는 복합적인 영역이니까요. 그만큼 절대로 소홀히 할 수 없는 중요한 영역이기도 하지요. 기하를 정복하기 위해서는 우선 기하에 대한 이해부터 확실하게 해야 합니다. 그래서 기하란 무엇이고 우리는 기하에 대해 어떤 오해를 하고 있는지, 또 그 진실은 무엇인지에 대해 같이 생각해 볼 필요가 있습니다.

기하란 무엇일까요?

　기하학(幾何學, geometry)은 선과 면, 도형 등 대상의 모양, 크기, 상대적인 위치 그리고 공간의 성질에 대해 연구하는 수학의 한 갈래로, 가장 오래된 수학 분야 중 하나입니다. 기하학의 어원이 '지구측정(Earth measurement)'을 뜻하는 그리스어에서 유래되었다는 사실에서 알 수 있듯이 입체인 지구를 측정하기 위한 노력에서 시작된 학문이지요. 증명이 필요 없는 자명한 명제와 같은 가장 간단하고 확실한 것으로부터 시작하여 현상을 파악하고 발견해 내는 학문이라고 할 수 있습니다. 쉽게 말해 도형의 본질을 파악하고 수학적으로 해석하여 다양한 분야에 활용하는 학문입니다. 실제로 기하학은 수학뿐만 아니라 철학 및 과학 등의 분야에서도 중요한 역할을 합니다. 기하학은 크게 논증 기하와 해석 기하 두 분야로 나눌 수 있는데 각각의 특징은 다음과 같습니다.

	의미	특징
논증 기하	도형의 성질과 정의를 논리적으로 다루는 분야	도형의 본질 파악 - 도형의 정의와 성질에 대한 깊은 이해와 적용 - 초중등 과정에서 학습
해석 기하	도형을 대수적(좌표계)으로 해석해 내는 분야	도형의 수학적인 해석 - 도형을 대수적 관점에서 해석 - 고등 과정에서 학습

기하는 우리 교육과정에서도 중요한 위치를 차지하고 있습니다. 그래서 초등부터 고등 과정까지 순차적으로 다루고 있지요. 교육과정에서 기하의 흐름을 큰 줄기로 살펴보면 다음과 같습니다.

	교육 내용
초등 과정	- 평면도형의 정의와 성질 - 입체도형의 정의와 성질 - 도형의 이동
중등 과정	- 작도와 합동 - 닮음, 평면도형의 성질을 활용한 다양한 도형에 대한 해석 - 삼각비 - 입체도형에서의 활용
고등 과정	- 도형의 대수적 표현과 해석

아이들이 기하를 배울 때 반드시 기억해야 할 것이 있습니다. 우선 개념을 정확히 알고 외우는 것이 가장 중요하다는 점입니다. 수학은 외우는 학문이 아니라고 생각하는 분들이 많습니다. 하지만 도형은 고유의 뜻과 성질이 존재하고, 도형과 도형 사이에서 관계를 찾으려면 이미 발견된 도형의 정의와 성질을 이용해야만 합니다. 또 논리적으로 증명된 성질이 문제를 풀 때 중요한 아이디어로 사용될 수 있으니 충분히 이해하고 있어야 합니다. 그러자면 기하 학습이 일정 수준의 수학적 해석이 가능할 정도가 되어야 합니다. 대수와의 연계성도 놓치면 안 되겠지요.

기하, 그것이 궁금하다 TOP3

현장에서 수학교육과 관련하여 받는 질문 중 상당수가 기하와 관련된 것입니다. 그중 가장 많이 궁금해하시는 세 가지를 추려 보았습니다. 이를 통해 기하에 대한 궁금증도 풀고 혹시 오해하고 있는 부분이 있다면 바로잡는 데 도움이 되었으면 좋겠습니다.

Q. 기하를 잘하는 아이는 정해져 있나요?
A. 기질적으로 기하에 대한 감각을 타고난 아이들은 있습니다. 하지만 잘하는 아이는 정해져 있지 않습니다.

재능을 타고났다고 해서 모두가 그 재능을 살리는 것은 아니지요. 또 우리가 익히 알고 있듯이 노력으로 타고난 재능을 이기는 사례도 많고요. 따라서 아이의 기질로 기하 능력을 판단하기보다는 주의를 기울여서 아이의 특성에 알맞은 방법으로 교육하는 것이 더 중요합니다.

기하에 대한 감각이 뛰어난 아이들은 시각적으로 받아들인 것을 뇌에서 구현하는 것이 자연스럽습니다. 기하 문제를 풀 때 왜 그렇게 했느냐고 물으면 나름의 이유를 설명하지요. 그런데 그 이유를 한마디로 정리하면 '그냥 그렇게 보여서'입니다. 마치 예전 어느 드라마에서 아역 배우가 했던 유명한 대사 '홍시 맛이 나서 홍시 맛이 난다고 했다'와 비슷하지요. 이유를 타당하게 설명하거나 뒷받침할 근거를 내세울 지식은 없지만 문제를 직관적으로 이해하는 능력은 뛰어난 것입니다.

하지만 계속 자신의 직관에만 의지하면 오류를 잡아내지 못하고 같은 실수를 반복하게 됩니다. 결국에는 뛰어난 감각을 가지고 있음에도 불구하고 좋은 점수를 얻지 못할 가능성이 크지요. 그런 일을 막으려면 지속적으로 자신이 찾은 답을 논리적으로 설명하는 훈련을 해야 합니다. 그 과정에서 자신의 오류를 발견하기도 하고 수정하기도 하면서 기하 실력을 키워 가는 것입니다.

반대로 기하에 대한 감각이 부족한 아이들도 있습니다. 이런 아이들은 도형 교구 같은 구체물을 직접 조작해 보아야 교재를 통한 지면 학습이 가능하지요. 문제를 풀 때도 왜 그렇게 풀었냐고 물으면 대부분 아무런 대답을 하지 못합니다. 이럴 경우 도형을 직접 그려 보고 지면 학습의 비중을 늘리는 것이 중요합니다. 도형의 규칙과 패턴을 익히도록 틀을 잡아 주는 것이지요.

그런데 기하를 학습하다 보면 아이가 회전이나 대칭 같은 특정 영역을 어려워할 때가 있습니다. 이때 그 부분을 아이가 완전히 이해할 때까지 학습시키겠다는 태도는 바람직하지 않습니다. 무리하게 밀어붙이면 오히려 기하에 대한 거부감만 커질 수 있으니까요. 자신감도 낮아질 테고요. 이런 경우에는 오히려 한발 물러서서 학습을 멈추는 것도 방법입니다. 잠시 여유를 두었다 다시 펼치면 이전에는 보이지 않았던 부분이 새로이 보이기도 하니까요.

Q. 어릴 때 교구나 놀이를 통해 미리 기하를 접해 본 아이와 그렇지 않은 아이는 차이가 많이 날까요?

A. 각 교구나 놀이의 내용과 수준이 모두 다르기 때문에 단순히 접했다, 아니다로 구분 지어 영향을 말하기는 어렵습니다.

그러나 한 가지 확실한 것은 있습니다. 근본적으로 가장 중요한 차이를 만들어 내는 것은 아이의 관찰력이라는 사실입니다. 단순히 놀이나 교구를 접한 것만으로는 기하 감각이 눈에 띄게 늘지 않습니다. 구체적인 학습 목표를 가지고 교구와 놀이에 접근해야 확실한 효과를 볼 수 있지요. 이때 아이가 학습 목표에 맞는 활동을 하고 있는지 체크해야 합니다. 아이의 관찰력도 세심하게 살펴봐야 하고요. 다음과 같은 순서로 교구를 이용하면 훨씬 효과적입니다.

교구 활동 순서	
1	처음에는 보고 느끼는 것으로 시작하는 것이 좋습니다.
2	지면 학습을 통해 부족한 부분을 찾습니다.
3	부족한 부분에 대한 집중적인 조작으로 생각의 오류를 바로잡습니다.
4	다시 지면 학습을 통해 스스로 문제를 해결합니다. 부족하다고 느끼면 관련된 유형을 반복해서 보완하세요.

교구 활동은 지면 학습과 병행할 때 가장 효과가 좋습니다. 쌓기나무로 다양한 모양을 만들어 보는 것도 중요하지만 아래와 같은 문제로 층에 대한 개념을 정확하게 인지시키는 과정도 필요합니다. 쌓기나무로 만든 모양의 밑그림은 물론 앞, 옆, 위에서 본 모습 등도 함께 그려 보면서 도형에 대한 감각을 키워 주세요.

문제 예시

쌓기나무로 쌓은 모양을 보고 위에서 본 모양에 수를 썼다. 3층 이상에 있는 쌓기나무는 모두 몇 개인가?

위

4			
3	3	2	1
1	2	2	1
	1		1

Q. 기하를 못하는 아이는 이과 계열을 가기 어려울까요?

A. 예전 교육과정에 비해 현재 교육과정은 이과 계열을 선택하는 데 있어 기하에 대한 감각이 큰 비중을 차지하지 않는 편입니다.

물론 기하에 대한 감각이 좋은 학생이 유리한 부분이 분명히 있지요. 하지만 그것이 문·이과 선택에 영향을 끼칠 만큼 중요한 사실은 아닙니다. 기하에 대한 감각은 수학에서 필요로 하는 능력 중 하나일 뿐입니다. 오히려 수학 전체를 놓고 보자면 기하는 중고등 수학의 5대 영역 '수와 식, 함수, 방정식과 부등식, 확률과 통계, 기하' 중 하나라고 볼 수 있습니다. 또한 기하 문제를 대할 때에도 문제에 대해 스스로 판단을 내리는 능력과 그 판단을 뒷받침하는 근거를 제시하는 습관이 감각보다 우선시되어야 하기 때문에 기하에 대한 뛰어난 감각에 앞서 수학적인 사고를 하는 능력이 중요하다고 생각합니다.

이처럼 기하를 못하면 이과를 가기 어렵다는 생각은 이과 수학에 대한 여러 가지 오해들 중 하나일 뿐입니다. 그러니 펜토미노나 쌓기나무, 칠교놀이 등으로 벌써부터 우리 아이는 이과다, 문과다 판단하실 필요 없습니다.

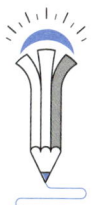

도형을 잘하기 위한 핵심 포인트

　기하는 기존에 학습하던 수학 영역들과는 결이 다른 부분이 많습니다. 그래서 교과 수학에서 기하를 잘하기 위한 학습법은 따로 있지요. 교과서 밖에서 기하를 만나 보는 경험을 하는 것도 좋은 방법입니다. 아무래도 기하는 낯선 영역이기 때문에 어렵다는 선입견을 갖기 쉽기 때문입니다. 그런 상태에서 학습을 시작하면 성과가 나기 어렵습니다. 그래서 교과서 밖에서 다양한 형태로 기하를 만나며 친숙해질 필요가 있습니다. 지금부터 기하와 가까워지고 기하를 잘하기 위한 방법을 조금 더 구체적으로 알아보겠습니다.

기하 맞춤 학습법 '따라 그리기'

기하 문제를 풀 때는 주어진 도형을 눈으로 보기만 해서는 안 됩니다. 따라 그리는 등 제시된 내용을 직접 표현해 보아야 훨씬 효과적으로 도형을 이해할 수 있습니다. 따라 그리기로 얻을 수 있는 학습 효과는 다음과 같습니다.

첫째, 조건에 대한 분석력이 좋아집니다. 난이도가 그다지 높지 않은 문제인데도 오답을 내는 아이들이 있지요. 이는 대부분 도형의 조건을 제대로 살피지 않고 그림만 보고 문제를 풀 때 발생합니다. 따라 그리기는 문제의 내용을 한 번 더 체크하는 습관을 길러 주기 때문에 이런 문제에 대한 좋은 해결책이 될 수 있습니다. 주어진 도형을 똑같이 따라 그리려면 문제를 좀 더 자세히 읽거나 도형의 조건을 꼼꼼하게 살펴야 하니까요.

문장으로만 이루어진 문제를 풀 때는 제시된 도형을 조건에 맞게 그려 보는 연습을 꼭 해야 합니다. 이때 문장을 끊어 읽으며 주어진 조건을 놓치지 않는 것이 중요하지요. 읽은 내용을 토대로 도형을 그리려면 도형의 정의와 성질을 잘 이해하고 있어야 합니다. 그래서 이런 과정을 통해 도형의 기초를 제대로 이해하고 있는지도 점검할 수 있지요.

 **문제 예시**

정사각형을 그린 다음 정사각형의 네 꼭짓점에 점을 찍고 네 변에 3cm 간격으로 점을 찍었다. 한 변에 모두 6개의 점을 찍었을 때 정사각형 네 변의 길이의 합은 몇 cm인가?

문장으로 된 문제를 읽고 주어진 조건에 맞는 도형 그리기

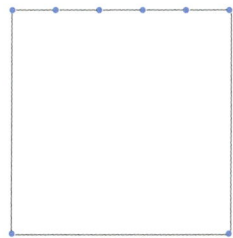

풀이 정사각형 한 변의 길이 = 3×5=15cm
정사각형 네 변의 길이의 합 = 15×4=60cm

둘째, 시각적인 효과를 통해 직관력이 상승합니다. 따라 그리는 과정에서 주어진 조건을 기호나 색으로 표현하면 문제 해결의 열쇠를 시각적으로 파악하기 쉽습니다. 예를 들어 길이나 각의 크기가 같은 곳을 기호나 색으로 표시해 두면 처음에는 발견하지 못했던 도형의 성질이 눈에 들어오는 경우가 많습니다. 이는 정다각형 문제나 합동과 연관된 문제를 풀 때 특히 유용한 팁입니다.

 **문제 예시**

사각형 ㄱㄴㄷㄹ은 정사각형이고, 삼각형 ㄹㅁㄷ은 정삼각형이다. 각 ㄴㄱㅁ의 크기를 구하시오.

주어진 조건을 기호나 색으로 표현해 보기

풀이

정사각형 한 각의 크기=90°, 정삼각형 한 각의 크기=60°
→ 각 ㅁㄹㄱ=90°-60°=30°
정사각형 한 변의 길이=정삼각형 한 변의 길이
→ 삼각형 ㄱㅁㄹ는 이등변삼각형
각 ㄹㄱㅁ+각 ㄱㅁㄹ=180°-30°=150°, 각 ㄹㄱㅁ=각 ㄱㅁㄹ
→ 각 ㄹㄱㅁ=150°÷2=75°
⇒ 각 ㄴㄱㅁ=90°-75°=15°

따라 그리기의 세 번째 장점은 보조선 사용에 익숙해진다는 것입니다. 보조선 사용 능력은 기하 문제 풀이의 핵심이라고 할 수 있습니다. 적절하게 보조선을 사용하느냐 그렇지 못하느냐에 따라 똑같은 문제를 30초 안에 풀 수도 있고 3분 넘는 시간 동안 풀지 못하기도 하지요.

보조선이 그어져 있는 문제에 익숙해져 있다가 보조선이 없는 문제를 접하면 보조선 그을 생각을 아예 못한다거나 혹은 적절하게 긋지 못해 문제 해결에 어려움을 겪는 경우가 많습니다. 그래서 보조선이 그어져 있는 도형을 따라 그리면서 보조선 사용법에 익숙해져야 합니다. 이때 보조선을 무작정 따라 그리기만 할 것이 아니라 보조선이 필요한 이유를 생각해야 실력 향상에 도움이 됩니다.

문제 예시

그림 ①(그림 ②)에서 삼각형 ABC의 무게중심을 G, 삼각형 DBC의 무게중심을 G′이라 한다. AD의 길이가 12cm일 때, GG′의 길이를 구하시오.

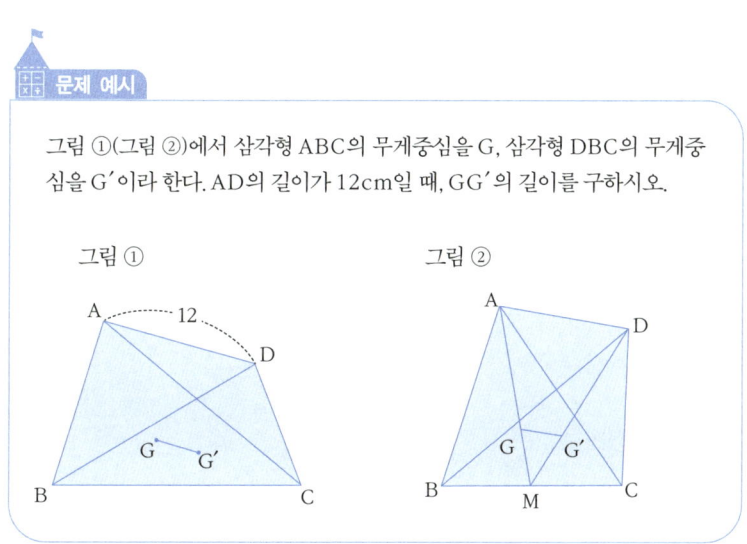

그림 ①   그림 ②

그림 ①은 중학교 2학년 시험에서 자주 출제되는 유형으로, 그림 ②에 비해 선이 생략되어 있음을 알 수 있습니다. 따라 그리기를 많이 해 본 아이는 그 차이점을 알고 숨겨진 두 선분을 찾아낼 수 있습니다.

교과 밖에서 기하를 만나는 쉬운 방법

• 예술로 만나는 기하

얼핏 예술과 수학은 거리가 멀어 보이지만 사실 이 둘은 떼려야 뗄 수 없는 관계입니다. 비례, 원근법, 구도 등 예술의 수많은 요소들이 수학의 영향을 받고 있으니까요. 그중에도 특히 많은 영향을 끼치는 것이 바로 선과 면, 도형 등을 다루는 기하입니다. 그래서 기하적인 감각이 뛰어난 아이들은 예술적 감각도 좋은 편입니다. 특히 비율과 구조 등에 관심을 보이는 경우가 많지요. 이런 아이들은 자연스럽게 관련된 환경을 접하게 하면서 그 기질을 개발해 주는 것이 좋습니다. 최근에는 예술과 수학의 관계를 설명해 주는 자료들도 많고 관련된 내용의 전시회도 종종 열리고 있으니 적극 활용해 보실 것을 추천합니다.

• 동화로 만나는 기하

수학 동화는 아직 수학적인 증명을 할 수 없거나 이해하기 힘든 아이들에게 그 원리를 자세하게 글로 풀어서 설명해 줍니다. 하나의 주제를 깊게 다루기 때문에 취약한 단원이나 도형 부분을 단기적·집중적으로 들여다보는 것이 가능하지요.

기하와 관련된 수학 동화는 선행 진도와 상관없이 읽어도 이해하는 데 지장이 없습니다. 기왕이면 다루고 있는 내용에 맞는 다양한 활동(작도, 오리기, 만들기 등)을 병행할 수 있는 학습지를 활용하면 좋습니다.

미리 배워 두면 유용한 기하 기호와 용어

• 기호

수학에서 사용하는 기호들은 직관적으로 이해하기 쉽도록 도형의 모양을 이용하거나 정의를 떠올릴 수 있는 형태를 하고 있습니다. 그래서 기호를 사용하면 개념과 용어를 익히는 데 도움이 되지요. 대부분의 기호는 초등학교 4학년 이상의 교육과정에서 배우게 됩니다. 하지만 미리 사용해 보면서 익숙해지는 것도 괜찮습니다. 어차피 중고등학교 과정에서 사용할 것들이고, 수학 기호는 세계 어디에서나 통용되는 공통의 언어니까요.

도형 관련 기호		위치 관계 관련 기호	
삼각형	△ABC	평행	$l \parallel m$
사각형	□ABCD	직교	$l \perp m$
호 AB	$\stackrel{\frown}{AB}$	합동	△ABC ≡ △PQR
각 AOB	∠AOB = ∠a	닮음	△ABC ~ △PQR
직선 AB	$\overleftrightarrow{AB}$	삼각형 ABC와 삼각형 PQR은 넓이가 같다 △ABC = △PQR	
반직선 AB	$\overrightarrow{AB}$		

· 용어

초등 수학에서는 직접적인 수학 용어를 사용하는 대신 말로 풀어서 설명하는 경우가 많습니다. 하지만 길게 풀어 놓은 설명을 대표할 수 있는 짧은 이름이 있으면 오히려 암기하기에 수월하기도 하지요. 그러니 이름을 익히는 과정을 앞당겨 학습하는 것도 괜찮습니다. 이때 아이에게 용어에 담긴 의미를 충분히 알려 줘야 합니다. 용어를 줄임말처럼 쉽고 편하게 느끼도록 신경 쓰면서 정확한 용어 사용에 익숙해질 수 있도록 도와주세요. 대부분의 용어가 고학년 이상에서 나오기는 하지만 조금 일찍 배워도 충분히 익힐 수 있을 만큼의 난이도입니다. 게다가 심화 문제에서는 수학 용어가 일찍부터 등장하기도 하지요.

자주 사용하는 용어	
동위각	서로 같은 위치에 있는 두 각
엇각	서로 엇갈린 위치에 있는 두 각
맞꼭지각	교각 중에서 서로 마주 보는 각
내각	다각형에서 이웃하는 두 변이 이루는 내부의 각
외각	다각형의 이웃하는 두 변에서 한 변과 다른 한 변의 연장선이 이루는 각
삼각형 결정 조건	가장 긴 변 길이 < 나머지 두 변 길이의 합

초등부터 고등까지 이어지는 도형 비교

도형 학습, 이렇게 진행됩니다

도형과 관련된 내용은 초등 교과에서 등장해 고등 교과까지 이어집니다. 다양한 도형의 특성을 인지하고 받아들이는 것부터 시작해 점점 더 깊이 있게 파고들어 가는 것이지요. 그래서 같은 도형이라고 해도 학년에 따라 접근 방법에 차이가 있습니다. 초등, 중등, 고등 과정으로 이어지는 도형 학습의 흐름은 다음과 같습니다.

		학습 내용	학습 목표
초등 (도형 영역)		- 평면도형과 입체도형의 개념 - 도형의 구성 요소 - 성질과 공간 감각	- 도형의 이해와 분류 - 도형의 성질 파악 - 기하에 필요한 용어 및 개념 (둘레, 넓이, 높이, 부피 등)

중등
(기하 영역)
		- 평면도형과 입체도형의 성질
		- 삼각형과 사각형의 성질
		- 도형의 닮음
		- 피타고라스의 정리
		- 삼각비
		- 원의 성질
			- 각각의 도형에 중요한 개념
			  및 정리 적용
			  (닮음, 피타고라스의 정리,
			  삼각비, 원주각 등)

고등 (기하 영역)	수학 (고1 과정)	- 평면좌표 - 직선의 방정식 - 원의 방정식 - 도형의 이동	- 기하와 대수와의 연결성 이해 - 평면·공간좌표 상에서 도형 의 성질을 방정식으로 표현
	기하 (진로 선택)	- 이차곡선 - 평면벡터 - 공간도형과 공간좌표	

초등 과정은 도형을 처음으로 접하며 '이런 것이 있구나' 하고 느끼는 시기입니다. 이 시기의 학습 포인트 중 첫 번째는 도형을 직관적으로만 다가가려 하지 말고 정확한 개념과 성질을 파악하는 데 집중하는 것입니다. 이는 모두 중등 기하와 연계되는 내용들이지요. 두 번째는 둘레와 넓이, 부피의 공식을 정확히 익히는 것입니다. 이것들을 정확하게 암기하고 활용하는 법을 익혀 두지 않으면 도형 문제를 다룰 때 계속해서 실수하기 쉽습니다. 세 번째는 도형의 회전, 평행이동에 대한 원리를 이해

하는 것입니다. 이는 고등 과정에서 도형의 이동을 이해하기 위해 꼭 필요한 기초 지식이지요. 마지막으로 평면과 공간에 대한 이해까지가 이 시기의 주된 학습 내용입니다.

중등 기하 학습의 핵심은 '이게 왜 나오게 된 걸까?'를 알아 가는 것입니다. 닮음, 삼각비, 원주각의 성질 등 고등 수학에 자주 나오는 내용을 정리해 보는 것이지요. 이때 도형과 관련된 많은 공식들을 접하게 되는데 모든 공식을 외우는 건 매우 힘든 일입니다. 공식끼리 헷갈릴 수도 있고요. 그래서 공식의 원리와 유도 과정을 항상 함께 익혀야 합니다. 원기둥, 원뿔, 구, 정사면체 등을 학습할 때의 기본은 이들의 높이, 부피, 겉넓이 등을 이해하는 것입니다. 그리고 이것들을 바탕으로 여러 도형이 함께 나올 때, 특히 도형이 접할 때의 특징에 대해서도 깊이 있게 이해하려고 계속 노력해야 하지요.

고등 과정은 '지금까지 배운 것들을 적용해 볼까?' 식으로 기하 학습에 접근하는 시기입니다. 고등 기하는 기하학적 감각이 아무리 뛰어나다 하더라도 대수적인 학습이 뒷받침되지 않으면 학습 자체가 불가능합니다. 그리고 선택과목의 기하에서는 공간좌표를 배우지만 공통 과정의 수학에서는 공간좌표를 배우지 않으므로 모든 것을 평면으로 해석해야 합니다. 중등 기하에서 다뤘던 도형의 성질에 대한 정확한 이해가 없으면 입체적인 감각이 아무리 뛰어나더라도 문제를 해결할 수 없는 것이지요.

이처럼 고등 기하에서 어려움을 겪는 학생의 경우, 그 원인을 잘 파악해 보아야 합니다. 고등 과정에서 대수적인 해석 측면의 학습 누수가 생긴 것인지 아니면 중등 과정에서 도형의 성질을 충분히 파악하지 못한 것인지 구분해서 대처해야 빠르게 문제 상황을 해결할 수 있기 때문입니다.

기하는 이전에 배웠던 내용들을 바탕으로 학년이 올라갈수록 조금씩 깊이를 더해 갑니다. 그런데 실제로는 초등 도형의 심화 문제가 이미 중등 과정에서 다루는 내용을 포함하고 있습니다. 평행선의 성질, 평행선과 넓이, 밑변의 길이 비와 넓이 비 등 자주 등장하는 도형의 정리도 중등 기하에서 배우는 내용과 동일하지요.

따라서 도형을 좀 더 심도 있게 학습하고 싶을 때는 초등 심화 문제만 풀기보다는 중등 선행학습을 하는 것을 추천합니다. 이런 학습을 추천하는 이유는 중등 과정의 개념과 원리를 동원하면 쉽게 설명되는데 초등 과정의 내용만 가지고 설명하려다 보면 오히려 이해하기 어려운 풀이가 많기 때문입니다. 이때 중등 교재를 따로 준비하여 풀 필요는 없습니다. 초등 과정 외의 내용까지 포함하고 있는 관련 책을 보면서 좀 더 폭넓게 학습하면 좋습니다.

초등 심화 문제에 자주 등장하는 중등 기하

평행선의 성질	평행한 두 직선이 다른 한 직선과 만날 때, 동위각과 엇각의 크기는 같다. 동위각 ∠a = ∠b 엇각 ∠c = ∠d
평행선과 넓이	밑변이 공통이고, 높이가 같으면 그 모양이 달라도 삼각형의 넓이는 같다.
밑변의 길이 비와 넓이 비	높이가 같은 두 삼각형의 넓이 비는 밑변의 길이 비와 같다.

입체도형, 이렇게 접근해 보세요

평면도형보다 입체도형의 학습이 더 어려운 편입니다. 입체도형이든 평면도형이든 문제는 보통 종이 위에 평면으로 그려져 있는데, 입체도형이 가진 3차원의 모습을 2차원으로는 충분히 표현할 수 없기 때문입니다. 그렇다면 그림에서 보이지 않는 정보를 직접 찾아내야 하는데 그게 생각처럼 쉬운 일은 아니니까요.

물론 문제에 주어진 것과 같은 모양의 입체도형을 교구 등의 구체물로 접한 적이 있다면 도움이 되겠지요. 하지만 수학 문제에서 다뤄지는 모든 입체도형을 직접 경험해 보기는 힘듭니다. 그러니 결국 평면 그림으로 표현된 입체도형의 모습을 이해할 수 있어야 합니다. 그런데 이해를 했음에도 불구하고 여전히 오답을 내는 경우가 있습니다. 대부분 주어진 입체도형을 정확하게 이해하고 분석하는 대신 '그럴 것 같다'는 추측으로 문제를 풀었을 가능성이 높습니다.

그렇다면 입체도형은 어떻게 공부해야 할까요? 지금부터 입체도형을 효과적으로 공부하는 몇 가지 방법을 알려 드리겠습니다.

첫 번째는 항상 면은 선으로, 선은 점으로 이루어져 있다는 원리를 생각하는 것입니다. 입체도형을 점과 점의 연결 상태, 선분의 길이, 선분을 포함하는 면 등 도형의 기본적인 요소에 맞추어 하나씩 분석하는 것이지요. 이렇게 하면 막연하게 상상하는 것보다 훨씬 빠르게 도형을 파악할 수 있습니다.

두 번째는 입체도형의 특징을 평면으로 전환시키는 연습을 하는 것입니다. 입체도형 문제도 결국은 평면도형의 여러 가지 성질을 이용해서 풀어야 합니다. 그러니 입체도형을 평면도형으로 바꾸어 생각하는 훈련을 꾸준히 해야 합니다. 사실 이때 사용할 수 있는 도형은 원, 정삼각형, 직각삼각형, 정사각형 등 몇 가지로 한정되어 있지요. 그러니 훈련을 거듭하면 곧 익숙해질 것입니다.

쌓기나무는 직접 만지고 쌓아 보면서 입체적인 감각을 키우는 데에도 좋지만 무엇보다 평면과 입체의 관계를 이해하기에 알맞은 교구입니다. 교재에 나오는 다양한 쌓기나무 그림을 통해 위, 옆, 앞에서 본 모습을 이해하는 훈련을 꾸준하게 하는 것이 중요하지요.

다음은 입체도형의 특징을 평면도형으로 전환하는 문제 예시입니다.

문제 예시

쌓기나무를 세 가지 모양으로 쌓았다. 위에서 바라본 모양과 쌓기나무의 수를 (1)~(3) 각각에 관계있는 것끼리 이어 보시오.

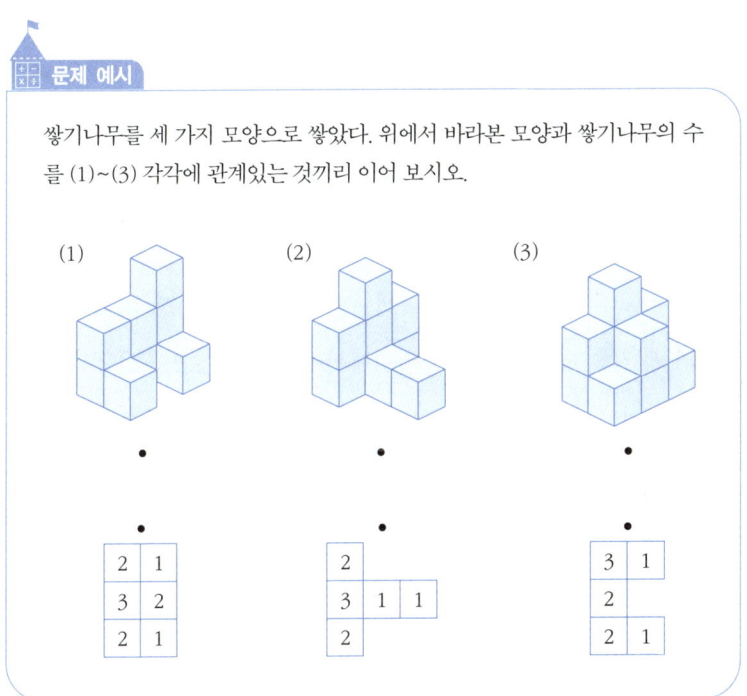

세 번째 방법은 자주 나오는 입체도형의 원리를 파악하고, 패턴에 맞춰서 푸는 연습을 하는 것입니다. 문제를 많이 풀다 보면 자주 나오는 입체도형과 문제 유형들이 눈에 보입니다. 빈번히 등장하는 입체도형은 직접 만들어 보고 눈으로 확인하든, 증명을 해 보든 무슨 수를 써서라도 원리를 정확하게 이해해야 합니다. 그런 다음 중요 성질을 외우고 패턴화시켜서 문제에 접근할 수 있도록 반복적으로 연습하는 것이지요.

마지막 방법은 머릿속에 있는 입체도형의 모습을 종이에 그려 보는 것입니다. 그러기 위해서는 도형의 본질을 파악하고 있어야 하지요. 입체도형의 모습이 머릿속에는 있는데 그림으로 그려 내지 못하는 것은 그림 실력이 부족해서가 아니라 본질을 파악하지 못해서인 경우가 많습니다. 교과서나 교재에는 조건에 맞는 그림이 대부분 예시로 그려져 있습니다. 그러니 문제의 맥락만 파악한다면 주어진 상황을 충분히 표현할 수 있지요. 물론 익숙해지기 위해서는 꾸준한 연습이 필요합니다.

사실 지금까지 기하는 이과생도 어려워하는 수학으로 악명이 높았습니다. 그런데 교육과정이 바뀌면서 이제는 필수가 아니라 선택과목이 되었습니다. 그래서 기하를 수학 과제 탐구로 대체하거나 기하 대신 다른 과목을 개설하는 학교도 종종 있습니다. 게다가 수능 역시 공통+선택형으로 바뀌면서 기하를 피할 수 있게 되었지요.

그렇다면 이제 기하를 공부할 필요가 없는 걸까요? 그렇지 않습니다. 기하는 여전히 초등, 중등 그리고 고등 공통 과정까지 이어지는 수학의 중요한 줄기니까요. 또한 기하를 선택과목으로 하는 것도 고려해 볼 만합니다. 새로운 교육과정에서는 기하에서 가장 까다롭다고 불리던 '공간벡터' 단원이 삭제되어 전보다 학습 부담이 줄었기 때문입니다. 덕분에 수능에서도 기하 관련 문항은 고난이도로 출제하기가 어렵습니다. 또 기하는 수1 과정 혹은 고등수학 상, 하 과정이 끝나면 곧바로 수능 대비에 들어갈 수 있다는 장점도 있습니다.

기하가 만만한 영역이 아닌 것은 분명하지만 그렇다고 넘기 힘든 벽도 아닙니다. 오히려 남들이 꺼리는 만큼 실력을 탄탄하게 키우면 나만의 경쟁력이 될 수도 있습니다. 그러니 아이가 두려움 없이 도형을 공부할 수 있도록 차근차근 기초를 쌓아 나갈 수 있게 도와주시면 좋겠습니다.

기초 탄탄 엄마표 입시

2023년 03월 14일 초판 01쇄 발행
2023년 04월 05일 초판 02쇄 발행

지은이 샤론코치 이미애 · 김희덕 · 윤기은

발행인 이규상 편집인 임현숙
편집팀장 김은영 진행 배소미
편집팀 문지연 이은영 강정민 정윤정 고은솔
디자인팀 최희민 두형주   마케팅팀 이성수 김별 강소희 이채영 김희진
경영관리팀 강현덕 김하나 이순복

펴낸곳 (주)백도씨
출판등록 제2012-000170호(2007년 6월 22일)
주소 03044 서울시 종로구 효자로7길 23, 3층(통의동 7-33)
전화 02 3443 0311(편집) 02 3012 0117(마케팅)   팩스 02 3012 3010
이메일 book@100doci.com(편집 · 원고 투고) valva@100doci.com(유통 · 사업 제휴)
포스트 post.naver.com/100doci 블로그 blog.naver.com/100doci 인스타그램 @growing__i

ISBN 978-89-6833-420-7 13590
ⓒ 이미애 · 김희덕 · 윤기은, 2023, Printed in Korea

물주는아이는 (주)백도씨의 출판 브랜드입니다.
이 책은 저작권법에 따라 보호받는 저작물이므로 무단 전재와 복제를 금지하며,
이 책 내용의 전부 또는 일부를 이용하려면 반드시 저작권자와 (주)백도씨의 서면 동의를 받아야 합니다.

* 잘못된 책은 구입하신 곳에서 바꿔드립니다.